必ずクラスを立て直す教師の回復術!

野中信行 [著]

学陽書房

はじめに

　最初の頃は落ち着いていたクラスが、いつの間にか騒々しくなっている。
　最近は授業を始めるのにずいぶんと時間がかかるようになった。
　日直が「静かにしてください！」と何度も連呼する。教師も授業の最初と最後はきちんとさせようとして、何度も注意する。やっと授業が始められると時計を見れば、すでに5分も経過している。
　一体、どうなってしまったのだろう？
　授業中のおしゃべりが増え、油断していると立ち歩く子もいる。
　もめごとも多くなり、それを解決するのに手間どる。
　授業を中断し、子供を廊下に呼び出して解決を図る。
　…最近はこんなことがしょっちゅうだ。

　と、あなたはこのように嘆いてはいないだろうか。
　こういった現象が、日本各地の教室でどんどん広がっている。
　先生たちはもめごとを起こしているやんちゃな子供たちを毎日のように注意し、叱りつけている。しかし効き目はない。かえってうるさくなっていくようだ。
　当初は落ち着いていた子供たちも、やんちゃな子供たちと一緒になって騒ぎ始めている。
　先生たちは「このまま学級崩壊になっていくのではないか…」と、心配している。
　初任者だけでなく、中堅も、ベテランも、「クラスがうまく回らなくなった」と嘆いている。

　ここで、先生たちは一度立ち止まらなくてはならない。
　あなたの指導の手立てが空回りし、指示が子供たちに届かなくなっ

ているのだ。あなたは、それを「子供が悪いのだ」と思い込もうとはしていないだろうか。それはまちがいである。

　こうした問題は、あなたの指導が子供たちに合っていないことに原因があるのだ。

　このように言い切ったら、あなたの気持ちを逆なですることになるかもしれない。

　しかし、これはほんとうである。

　まず、冷静に自分自身を振り返る必要がある。

　本気でクラスを立て直そうと気持ちを切り替えなくてはならない。

　ステップを踏んで取り組んでいけば、まだまだクラスは回復する。その手立てを知ることで、ぜひとも今のクラスを立て直してほしい。

　そんな思いから、本書を書き始めている。

　まず、子供たちとの「関係」を見直さなければならない。

　あなたと子供たちとの「関係」がどこかでおかしくなっているはずである。もう一度、この「関係づくり」からやり直していく。

　クラスの活動のスピードも遅くなっているはずだ。だらだら、もたもた、まったり…このスピードを変えていかなくてはならない。

　同時に、「仕事のスタイル」と「授業のスタイル」も改善していく。

　こうした手立てを実現するためには、何よりも今までの自分を変えていく「覚悟」が必要となる。

　大きな時代の変化が、私たちの教室にまで押し寄せている。

　この変化を乗り切れるかどうか、あなた自身の変化をせまられているのである。

2012年　夏

野中　信行

もくじ 『必ずクラスを立て直す教師の回復術！』

はじめに……… 3

序章 クラス回復へのステップ！

- ◆ 土台としての学級づくり……… 10
- ◆ 教室の「空気」と「時間」の統率……… 12
- ◆ 「学級経営力」をチェック……… 14
- ◆ 学級経営の失敗を見直す……… 16

第1章 クラス回復術 その1 子供との関係をつくり直す！

- ◆ 「やんちゃ対応」の落とし穴……… 20
- ◆ 8割の子供を味方につける……… 22
- ◆ 空気と時間の統率①
  指示にすばやく反応させる……… 26
- ◆ 空気と時間の統率②
  指示の3原則を徹底する……… 30
- ◆ 空気と時間の統率③
  「叱る」ときには夕立のごとく……… 32

- ◆ クラス回復作戦①
  原因の追求をやめる……… 34
- ◆ クラス回復作戦②
  注目する子供を変える……… 36
- ◆ クラス回復作戦③
  「仕切り直し」をする……… 38
- ◆ クラス回復作戦④
  楽しいイベントを企画していく……… 42

第2章 クラス回復術 その2 活動のスピードを変える！

- ◆ スピードのない活動をやめる……… 46
- ◆ 「空白の時間」をつくらない……… 48
- ◆ 子供集団を動かすシステムづくり……… 50
- ◆ 教室の1日を「見える化」する……… 52
- ◆ 朝自習ができるクラスにする……… 54
- ◆ 朝の会をスムーズに行う……… 56
- ◆ チャイムとともに授業を開始する……… 58
- ◆ 給食は準備・片付けをスムーズにする……… 60
- ◆ 目標達成法で行う掃除の指導……… 62
- ◆ 終わりの会は短時間で終える……… 64

第3章 クラス回復術 その3
仕事のスタイルを変える！

- ◆ 仕事の習慣をチェック………68
- ◆ 「システム思考」を身につけよう………70
- ◆ 手帳術で時間をうまく管理する………72
- ◆ 情報はノート1冊にまとめる………74
- ◆ 机の整理整頓に努める………76
- ◆ 提出物は遅れずにだす………78
- ◆ 週案は短時間でつくる………80
- ◆ テストの採点はその日のうちに………84
- ◆ ドリルは集めた時間に返す………86
- ◆ 作品掲示は授業中に済ませる………88
- ◆ 通知表の仕上げ方①
  位置づけを明確にする………90
- ◆ 通知表の仕上げ方②
  資料づくりが決め手………94
- ◆ 通知表の仕上げ方③
  所見文を書き上げる………102

第4章 クラス回復術 その4
「授業」のスタイルを変える！

- **日常授業の見直し①**
  「おしゃべり授業」をやめる……… 108
- **日常授業の見直し②**
  多様な「活動」を組み合わせる……… 110
- **日常授業の見直し③**
  原点から「授業」を考え直す……… 112
- 今までのインプット学習……… 114
- これからのアウトプット学習……… 116
- アウトプットで学力の定着を……… 118
- アウトプットで学習の活性化を……… 120
- 日常の授業は70点でOK……… 122
- 学習指導案を無理なくつくる……… 124
- 授業展開のやり方……… 128

終章 Q&A
「うまくいかない…」のために！

- Q1〜9 ……… 132〜149

おわりに……… 150

序章 クラス回復へのステップ

　自分のクラスがどこに問題があるのか。それをチェックすることが大切である。なかなかそれが分からない。自己流に陥っているのである。

　まず、チェックリストで自分の学級経営力を判定してほしい。そして、クラス回復への基本的なことを知ることが大切になる。

　ここでは、クラスを規定する「空気」と「時間」という視点を提出して、クラスの土台の再建を呼びかける。

土台としての学級づくり

 教室の土台となるものは？

　落ち着いた学級をつくり上げていくには、まず「学級づくり」に着手しなければいけない。
　教室の土台として「学級づくり」を据えなければならない。
　決め手は、**「授業づくり」ではなく、「学級づくり」にある**というのが私の持論である。
　これから第１章、第２章で展開していく回復の手立ては全部「学級づくり」に包括されるはずである。

 意識的な「学級づくり」がポイント

　私が教師になった時（1971年に初任）の70年代は、こういう「学級づくり」というものをほとんど意識する必要はなかった。団塊の世代が、今と同じようにどっと学校へ入った時期である。１つの学校に５、６人の初任者が入るということも大規模校では普通にあり得た。
　ベテランのクラスよりも、にぎやかになることはあったが、「荒れる」ということはめったになかった。もちろん、学級崩壊などは聞いたことがなかった。教師が鬱病になったり、辞めたりすることも聞いたことはまったくなかった。まだまだ平和な時代だったのである。
　だから、次ページの図の左側「その日暮らし学級経営」のようにし

て過ごしておけば何の問題も起こらなかった。

　学期の最初に必要な係や当番を決めて、1年間の学校・学年行事に従って行事をこなし、あとは授業をしていれば1年間が終わりになるという教師生活であった。

　ところが、これが現在はまったく通用しなくなった。

　1年間の意図的、計画的、継続的な「学級づくり」がなされなくては、もはや学級が成立しない状態になっている。

　下図の右側のように、土台としての「学級づくり」をし、その上に行事や授業を乗せていかなければ、授業もうまく進まなくなってしまった。

　それが現在である。

　今、この「学級づくり」がうまくできない初任者のクラスと、今までの「その日暮らし学級経営」しかやらないベテランのクラス（もちろん中堅のクラスもある）が、荒れている。その何割かが学級崩壊に陥っている。

　今のところ、意識的な「学級づくり」をすることだけが、「荒れ」を克服する手立てになる。

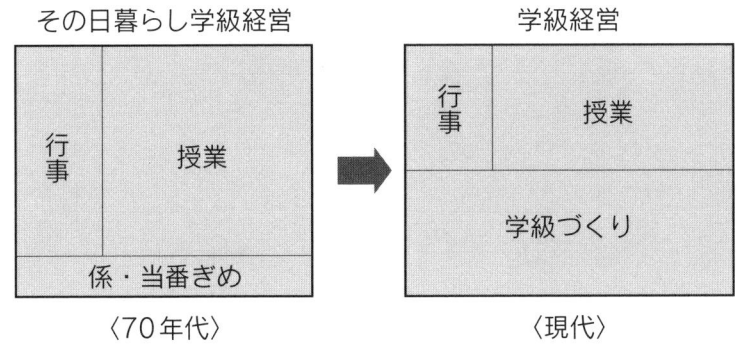

「学級経営」大きな比重の変化

教室の「空気」と「時間」の統率

 意識的な学級づくりとは?

意識的な「学級づくり」をどうしていくか。

とりあえず、そのことが問題になる。

教室は、担任と子供たちがつくり出す「空気」と、流れている「時間」によって構成されている。目に見えないこの2つが、教室を規定している。

だからまず、担任は次のことをしなければいけない。

 教室の「空気」と「時間」を統率する

この統率は早めに手を打っていくことになる。

先手、先手と打ち出していく。

教室の「空気」とは、教室に広がる雰囲気になる。

この雰囲気をやんちゃたちに掌握されることで「荒れ」が始まる。どうしても担任のリーダーシップでこの「空気」を統率しなければいけない。

教室の「時間」とは、教室に流れる1日の時間になる。

子供たちが朝学校へ来てから、終わりの会までの「時間の流れ」がスムーズに流れていくことが必要になる。この「時間」の統率は担任にしかできない。

「空気」と「時間」の統率はできるだけ早く

　担任がこの「空気」の統率をするまえに、やんちゃたちに教室の「空気」を掌握されてしまうことで「荒れ」が始まる。
　初任のクラスでは、このことがよく起こる。
　それは初任者が、**子供たちと友達になろうとすること**から起こる。
　そうなると、1年間教室は不安定なままに推移していくことになる。もめごとが起こり、うまく解決できないままにずっと不穏な空気が教室を支配していく。
　だから、どうしても担任のリーダーシップで、この「空気」をできるだけ早く統率していくことが必要になる。
　同じく、「時間」の統率もできるだけ早くなされなければいけない。子供たちに、1日の時間の流れを「学級システム」として身につけさせていくのである。
　朝自習、朝の会、1・2時間の授業、中休み、3・4時間の授業、給食、掃除、5・6時間の授業、終わりの会と続く時間の流れを子供たちが自ら進めていけるようにしなければいけない。

「学級経営力」をチェック

◆ 自分の「学級経営力」をチェックしよう

　4月当初は新鮮な気持ちでクラスを受け持ち、勢いよく子供たちも動いていると思っていた。ところが、5月の連休を過ぎるとだんだん子供たちの動きがにぶくなり、だらだらし始める。当初の活気が消えているようにも思える。さて、どうしたものか。
「自分のクラスがどの程度のものかつかんでみたい」と、そのように思う教師たちは多いであろう。
　そこで、自分のクラスの状況をチェックしてみてほしい。
　右のチェックリストに点数をつけてみよう。
　◎は10点、〇は5点、×は0点。
　合計はどうなっただろうか。
　70点以上ならば順調に進んでいると思っていい。
　50点、60点ならば、どこかに問題点がある。×になったところを中心に振り返ってみてほしい。
　問題は、50点以下の点数である。「学級づくり」がうまく機能していないと思わなくてはならない。
　①～④に×が多く付いた場合、「空気の統率」がうまくいかなかった場合である。⑤～⑩に×が多く付いた場合は、「時間の統率」がうまくいっていない場合である。
　これらの回復を図らなければいけない。

今までの方法では通用しない、という自覚を持ち、発想を転換する「覚悟」が必要になる。クラスが回復するかどうかは、先生の「覚悟」にかかっている。穏やかでない言い方だが、真実である。

学級経営力 チェックリスト

できている◎　まあまあ○　できていない×

	項　　目	評定
空気の統率	① 子供たちは、担任の指示にすばやく反応しているか？	
	② やんちゃな子供が勝手に振る舞わないようにきちんとした指導ができているか？	
	③ リーダーシップを発揮して子供を引っ張っているか？	
	④ 子供に指示したことを教師も守ろうと努力しているか（例　時間を守ることなど）？	
時間の統率	⑤ 朝自習は自分たちで静かに行っているか？	
	⑥ 朝の会が１時間目の授業に食い込まないようにスムーズに進んでいるか？	
	⑦ 中休み後の授業は時間通りに始まっているか？	
	⑧ 給食の時間は、決められた時間でスムーズに進んでいるか？	
	⑨ 掃除の時間は、決められた時間でスムーズに進んでいるか？	
	⑩ 終わりの会は、短い時間でスムーズに終えているか？	
	合　　計	

学級経営の失敗を見直す

 「空気」の統率の失敗とは？

　さて、クラスを回復させる手立てを打っていかなければいけない。
　そのために、前項の「学級経営力チェックリスト」に戻ってみる。
①から④の項目を見直してほしい。
　この項目に×が多くついている場合、担任が「空気」の統率を失敗していると考えられる。
　これはどういうことであろうか。教室の「空気」の統率の失敗と書いたが、具体的にどうしてこのようになるのであろうか。

① 担任が教室でリーダーシップを発揮していない。
② 担任が意識的に指示を徹底させる手立てを取っていない。
③ 教室の「空気」をやんちゃたちに握られている。
④ 教室の中心に「まじめ派」の子供たちがいない。

　担任がリーダーシップを発揮して、子供たちとうまく「関係づくり」ができていないことの結果である。
　教室の「空気」の回復作戦を図らなければいけない。
　でも、あわてて取り組んではならない。同じ失敗をくり返す恐れがある。
　くわしくは、34〜43ページの「クラス回復作戦」を参照してほしい。

「時間」の統率の失敗とは?

　次に、「学級経営力チェックリスト」の⑤から⑩までを見直してほしい。
　これに×が多くついている場合は、「時間」の統率の失敗になる。担任が教室の「時間」を押さえるためには、次の２つの条件が必要だ。この「時間」とは、教室で展開される「時間の流れ」のことであった。
　とりあえず朝自習から終わりの会までの時間と考えればいい。

① 集団がすばやくスムーズに動いていける段取りができているか
② 子供たち自らが動いていける学級システムになっているか

　この２つの条件を身につけるために、私は「仕組みづくり」が必要であると主張してきた。
　だから、この教室の「時間」はとりあえず教室の１日を「学級システム」として機能させていけばいいことになる。
　つまり、まず次の時間をスムーズに子供たちで動かしていけるようにすることである。

> ★朝自習　　★朝の会　　★授業の最初と最後
> ★給食　　　★掃除　　　★終わりの会

　さて、クラスを回復させるための手立てを具体的にどうしていくか。第１章では「空気」の統率について、第２章では「時間」の統率について、それぞれ詳しく展開していきたい。

第1章

クラス回復術 その1
子供との関係をつくり直す！

　私が提起する「学級づくり3原則」の1つが「関係づくり」になる。

　子供たちとの関係づくりは、「縦糸・横糸」張りで行う。縦糸は、教師と生徒との上下の関係づくりであり、横糸は、心の通じ合いになる。

　第1章で提起していく「空気」の再統率は、主に「縦糸」を張ることになる。そして、さらに「横糸」をどのように張っていくかのステップを書いている。

　まだまだ十分にクラスは回復していく。

　「覚悟」を決めて取り組んでほしい。

「やんちゃ」対応の落とし穴

まず2、3人のやんちゃから始まる

　組織構成には原理があり、それを「２：６：２の法則」と言う。
　クラスに当てはめれば、最初の２割が「まじめ派」の子供たちであり、担任の味方をしてくれる子供たちでもある。６割は、「中間派」で無党派層の子供たちになる。最後の２割が「やんちゃ」な子供たち。
　これが普通のクラスの、普通の構成となると考えていい。
　学級崩壊という現象は、２割の「やんちゃ」たちの中の２、３人がまず行動を起こしていく。
　次のような行動だ。

① 勝手な行動をする
② 他の子供にちょっかいを出す

　担任は、その２、３人へ向けて集中的に指導をする。「始終注意をする」が、そのうちに聞かなくなる。だから「始終叱りつける」ようになる。
　その２、３人はしょっちゅう他の子供たちと「もめごと」を起こすのでその対応に追われる。
　授業中、もめごとの解決のために関係者を廊下へ連れ出して指導をする。そのために、他の子供たちはたびたび自習になる。
　さらに、問題は多くなり、モグラたたき状態になる。

ちょっかいを出された子供の保護者からは毎日のように電話が殺到する。その１つ１つに対応せざるをえない。管理職を含めての対応になる。
　この時には、すでに２、３人の問題ではなく、それと連動してもめごとを起こす子供たちが増えている。さらに拡大していく様相を示している。だいたい、５月から６月にかけてだ。
　何が問題だったのだろうか。

◆「やんちゃ対応」を変えよう

　担任は、目立っている２、３人を何とかしなくてはという対応ばかりになっている。もうその子供たちしか見えていない。実はそこに落とし穴がある。
　どうしていくかをまず確認しよう。
① もめごとを起こす２、３人の子供たちには、どうしても対応せざるをえないことがある。でも、「対症療法」だと自覚しておくことが必要だ。

 彼等と心の通じ合い（横糸を張るという）がなされない間は強く叱るようなことは差し控えなければいけない

② ２、３人のやんちゃだけでは学級崩壊にならないことを知っておかなくてはならない。

 問題は、６割の中間派の子供たちが連動していくことである。ここを止めていかなくはならない

　学級崩壊の決め手は、中間派の６割が持っているのである。
　次の項で、この「中間派」６割＋「まじめ派」２割＝８割の子供たちへの対応を考えていこう。

8割の子供を味方につける

「荒れ」につながっていく原因を知ろう

　クラスが荒れていく現象は、2、3人のやんちゃだけで起こすことはできない。必ず、それに連動していく他のやんちゃたちと、そして6割の「中間派」の子供たちが関わっている。
　どうして連動していくようになるのか。その原因は何か。
　まずそれを明らかにしておかなくてはならない。

① 担任の目が2、3人だけに注がれて、他のやんちゃと他の8割（2割の「まじめ派」と6割の「中間派」）に注がれない。そのために、自習が多くなり、その結果クラスに「空白の時間」が多くなる。当然、クラスは停滞する。
② 自分も担任にかまってほしいと願う子供たちも一部出てくる。2、3人に連動して同じような行動を取っていくようになる。担任の指示に従わなかったり、クラスのルールに従わなかったりする。
③ 担任は、何とかしないといけないと思い、さまざまな手を打とうとする。しかし、後手後手になったり、全体への指示がころころ変わったりする。8割の子供たちにも不信感が募る。
④ 授業中も、さかんにおしゃべりや立ち歩きが始まる。担任に公然と反発する子供も現れる。

順を追ってみていくと、このような過程を経る。
④のようになるには３ヶ月ほど。

 ## 学級が崩壊していく筋道

「学級崩壊」の始まりは、周囲に気づかれることなく進行する。

まわりの人間が「これは問題だ！」と気づいたときには、ほとんど手遅れ状態になっている場合が多い。初任者の場合は、自分のクラスが問題であると気づかない場合もあるため、注意が必要だ。

大きな「学級崩壊」になるには、小さな「荒れ」がそのまえに必ず起こっている。その筋道を詳しく確認していこう。

レベル１　ほころびの状態
1　机を隣の子と離す。
2　チャイムがなっても学習の準備ができていない。
3　ノートに落書きが目立つ。
4　朝自習ができない。
5　学級文庫や靴箱が乱れている。
6　給食の残りが多い。

レベル２　すでに崩れかかっている状態
1　１週間友達から話しかけられない子がいる。
2　朝礼時に遅れる子供が３人以上いる。また、朝礼時に私語があったり、列が乱れていたりすることが多い。
3　掃除をさぼるものが多く、教師がいないところではまじめに掃除をしない。
4　教師の指示に対して、反応が遅く、行動がとても緩慢になる。
5　教室にゴミが落ちていて、いかにも雑然としているのに誰も片付けようとしない。

レベル3　荒れてしまっている状態
1　特定の子に触れた後、「〇〇菌」と他の子にタッチを回すことが平気で行われる。
2　集合時刻にすごく遅れても平気である。
3　まえに禁止したはずのルールが、いくつか破られる。
4　授業中、私語が絶えず、指示が通らない。
5　休み時間に窓から物を次々と落とす。

レベル4　騒乱状態
1　特定の子へのいやがらせや命令が隠れたところでなく、白昼堂々と行われる。
2　チャイムがなっても、外で平気で遊んでいる。
3　誰が注意しても、冷笑、口答えが返ってくる。
4　参観日でもぐちゃぐちゃで授業にならない。
5　教室の備品が、次々に壊され、なくなったりする。

（拙著『困難な現場を生き抜く教師の仕事術』学事出版、2004年より）

　現象面からだけ見ると、クラスはこのような状況を呈するようになる。

　レベル1・レベル2の段階でチェックできれば、クラスは回復する可能性を持っている。

　ところが、レベル3・レベル4の段階になると、ほとんど打つ手がなくなってしまう。

8割の子供たちを早く先生の味方にしよう

　「学級崩壊」は、担任の「ちょっとした行動」がとれないところから始まる。
　「2：6：2の法則」を思い出していただきたい。
　学級崩壊は、2割のやんちゃたちに、6割の中間派の子供たちがく

っついて起こる現象である。

　６割の中間派が決め手を持っていることはすでに指摘した。

　それならば、この６割を早く「まじめ派」の２割に引き寄せて、８割の子供たちを担任の味方にしてしまえば「学級崩壊」は起こらないということになる。

 ８割の子供たちを早く先生の味方にする

　このための手立てを「早く」取らなくてはならない。

　そんな手立てはあるのだろうか。もちろんある。

　そのためには、８割の子供たちがどんなことを担任に対して願っているのかを考えてみたらいい。

　それは次のことになる。

 教室を、安心・安全で居心地のいい場所にしてほしい

　子供たちは、担任がリーダーシップを発揮して、教室を安心できる、安全な場所にしてくれることを願っているのである。

空気と時間の統率①
指示にすばやく反応させる

◆◆ 「すばやい反応」を徹底しよう

「空気」を統率するにはできるだけ早くきちんと手を打たなくてはならない。

ここでは、たった１つの最も重要な手立てがある。

 教師の指示にすばやく反応させること

これである。

「なあんだ。そんなことはやっているよ」と言われるかもしれない。ほんとうだろうか。「すばやい反応」を徹底しているだろうか。

実は、クラスが荒れる担任は、ほとんどこのことを意識していない。だから、指示は出すが出しっ放しである。徹底しようなどとは、ほとんど考えていない。

指示を出したら、全員がきちんとやっているか確認して、次の指示を出す。この「当たり前」のことができていない。

指示通りに動いていない子供へは、「○○くん、ちゃんとやりなさい！」と注意しなくてはならない。この繰り返しなのだ。

始まって１週間ならば、ほとんどの子供たちが教師の指示には従うものである。その時期に、指示を徹底させることを怠る。

荒れるクラスと荒れないクラスの違いは、まずここにあると断定し

ていい。ここは絶対に子供たちに譲ってはいけない。ぐだぐだ叱ることはない。ちゃんと注意して、譲らないことである。徹底しなければならない。

指示はこのように徹底していこう

さて、この「指示の徹底」をどのように実践するかが重要になる。このように実践したらいい。

「全員、起立！　黙って、後ろへ行きます」

このような指示を子供たちに出す。

子供たちは「えっ！」という顔をして後ろへ行く。1分間ぐらいで全員が後ろへ行く。そこで次のように言う。

「黙って行動しているのは、素晴らしい。でも、おしい。90点。残念なことがあります（※もし、おしゃべりをしている子供がいたら、もう一度やり直させる。「黙って後ろへ行きます」を強調する）」

90点と言いながら、子供たちから目をそらし、机・椅子の方を見回す。

「もう気がついている目をしている人がいます。
　そうです。椅子ですね。椅子が出ている人がいます。机がねじれている人がいます。おしいですね。
　もう一度、やってみます。黙って、席に戻ります」

今度こそという顔をして、席に戻っていく。全員の目が、教師に集まったとき、伝える。

「全員、起立！　黙って後ろへ並びます」

さっと行動する。さっきよりも素早い。もちろん、椅子もきっちり入っている。机のねじれにも気を配っている。

子供たちの顔は自信に満ちている。

「やるねえ。さすがです。100点（子供たちの目が輝く）。
　でも、もっとすごい人がいます。
　Aくんです。100点花丸。
　両手で、椅子をすっと入れたのです。他にもいました。片手ではないのです。椅子に対してやさしいですね。
　Bさんも100点花丸。
　起立と言ったとき、音を立てないようにさっと立ったのです。先生、やるなあと思いました。
　もっとすごいのは、Cさん。
　先生は、『並びます』と少し言葉を変えました。Cさんは気づいていたのでしょう。後ろへ行くだけでなく、並ぼうとしている姿でした。
　やるなあ。100点花丸」

　担任は、視点を明確にしてそれを見ておかなくてはならない。
　担任は3つ（両手で椅子をいれる、音を立てない、並ぼうとしている）の視点で見ておく。
　子供たちは真剣に聞いている。
　そこで、また席に着かせる。

「椅子を入れたらOK。机をそろえたらOK。
　それで終わりではないのです。
　100点にはもっと上があります。
　ちょっと工夫すると、100点に花丸が付きます。
　これを『プラス1』と言います。
　『ちょっと人よりも工夫する』ということですね。
　それが、勉強をすることです。かしこくなるということです」

　そこで子供たちに聞く。

「もう一度、やってみますか？」

必ず子供たちはやると言う。目が輝いている。すかさず、言う。

「えらい。もう一度やってみるということも、プラス1の心なんです。みんな100点花丸です。〇年〇組のみなさんは、すばらしい。やるねえ！　では、行きますよ…。全員、起立！　黙って、後ろに男女それぞれ1列で並びます」

　1回目の時よりは、比べものにならない動きになる。
　全員の空気が違う。
　それは、何をしたらいいか、目標がはっきりしているからである。さらに、そこに「ちょっとした工夫」が付け加えられている。
　「プラス1」の心が付け加えられている。
　子供たちは1列に並び、まっすぐな目で教師を見つめている。
　いつやっても3回目はきらきらした目になる。全員を褒める。

「すごい！　やるなあ。たった3回で、わずか、数分で、こんなにできるようになるのです。みんなの学びの心は素晴らしい。全員100点花丸！」

※この実践は、福山憲市氏の「『おしい』と『やるね』の繰り返し」に学んだものである（機関誌『道徳のチカラ』3号所収）。

空気と時間の統率②
指示の3原則を徹底する

◆「友達先生」にならないようにしよう

　できるだけ早く「教室は担任が統率していく」という雰囲気ができればいい。ここで注意しなくてはいけないことがある。

 子供たちと友達になろうとしてはいけない

　初任者がよくこのような気持ちで子供たちに接していこうとする。
　だから、失敗する。
「友達先生」になろうとしては絶対にいけないのである。このようになろうとすれば、5月か6月には必ずクラスは荒れだす。大切なことは、「リーダーシップ」を発揮して子供集団を担任が動かしていくことである。

◆ 指示の3原則

　さて、「指示を徹底すること」を強調した。しかし、初任者の先生などはこの指示の出し方で失敗することがよくある。戸惑う場合も多い。
　この指示の出し方にも原則がきちんとある。それを知っておかなくてはならない。「指示の原則」は3つである。

① **指示は一貫性があること。「一対一対応」をしない。**
② **「厳しさ対応」をすること。「やさしさ対応」をしない。**
③ **言行を一致すること。**

①の指示の一貫性は絶対の原則である。

これができなければ、クラスの多くの子供たちを教師から離反させることになる。今日出した指示が、明日は違っているということは絶対にしてはならない（違う場合は必ず理由を説明する。たびたび変更をしない）。

子供たちは、「先生、○○はどうしたらいいんですか？」という一対一の質問をよくしにくる。この場合、他愛のない質問には答えていいが、クラスのルールに関わることならば、必ず**全体**に伝えなくてはならない。

②の厳しさ対応とは、クラスで実施したことは必ず**全員**にやらせなくてはならないことである。たとえば、宿題を出したならば、忘れた子供には必ずその日のうちにやって提出させなければいけない。「明日はしてくるのよ！」という甘い言葉かけをしてはならない。

そして、子供たちに指示したことは、先生もきちんと守っていく努力をしなくてはならない。

最後に③の言行の一致。これは「当たり前」のことである。勉強時間と休み時間の区別を子供たちに指示するならば、**担任も**それを守らなければいけない。

空気と時間の統率③

「叱る」ときには夕立のごとく

「叱ること」は意識的に

　担任が意識的でなければいけないことがある。
　それは、「叱ること」である。
　教師の力量がついてきたら、「叱ること」を必要としなくなるようにもなるだろう。
　だが、力量がない段階では意識的に叱らなければならない場面は必ず出てくる。このことに臆病になってはならない。
　初任者の先生たちは「褒めて育てる」ことを頭にたたき込まれて教師になっている。だから、「叱ること」をとても遠慮する。こういう態度に対して、子供たちは敏感である。足元を見られる。
「先生は、甘い」と感じたら、やんちゃな子供たちを中心に一気にやりたい放題、言いたい放題になる。
「叱れない」先生は、教師を続けていくことはむずかしい。
　子供たちは、教師の動向を見て自分の態度を決めてくる。これは否定的な意味で言うのではない。子供たちの持つエネルギーなのである。

「叱る」ときに心しておくこと

　さて、「叱ること」は口先だけではダメだ。それは小言になる。しょっちゅう子供たちを叱っている先生がいるが、先生の自己満足に過

ぎない。
　「叱ること」は必要なことであっても、心しておかなければならないのが、**「叱ること」では子供たちは育たない**ということである。あくまでも対症療法的な効果しかない。
　子供が育つのは、やはり「認められた時」や「褒められた時」である。これを忘れてはならない。
　それでも、子供たちは「叱られること」で、自己抑制ができるようになる。「やっていいこと」と「やってはいけないこと」を区別する力が身についてくるのである。

「終わり」と宣言することが大切

　「叱ること」にも原則がある。

 叱るときには、夕立のごとく

　これである。
　ときどき、1時間中ずっと叱りまくっている先生がいる。どこで終わっていいのかを見失っているのだ。「叱る」ときには、「終わり」と宣言した方がいい。
　また、「叱ること」は麻薬のような作用を持つことも注意しなくてはならない。「叱ること」を常用すると、いつもそれがなければ落ち着かなくなるのである。
　「叱ること」は、このようにいつも意識的でなければいけない。

クラス回復作戦①
原因の追求をやめる

◆ **空気の「統率」のためにやめること1つ**

　さて、具体的に「クラス回復作戦」を実行していくことになる。

　そのために、担任が教室の「空気」と「時間」を統率できるようにしていく作戦をとる。

　ここからは、まず「空気」の統率の回復作戦を取っていこう。

　そこでポイントとなるのが次である。

 原因追求をやめることが大切

　今までの「学級づくり」では、教室の「空気」を統率することに成功していない。

　そこで、この「空気」をもう一度つくり変えることにすぐさま再突入したい気持ちになる。

　しかし、これは危険である。かえって反発が増幅する恐れがある。

　今までの「空気づくり」は失敗しているのである。なぜ失敗したのかを考えないままに、厳しくしたり、甘くしたりしても同じ失敗を再び繰り返すことになる。

　それよりもしなければいけないのは、むしろ**「やめていくこと」**の方である。

 **視線を8割の子供の方へ向けていこう**

なぜ「荒れたのか」を考える。

① 2、3人のやんちゃたちを叱る

　学級で目立つ2,3人に集中的に指導した。しょっちゅう叱る。呼び出して注意する。ちょっかいやケンカの仲裁で叱る。

② 他の子供たちに「空白の時間」ができる

　2、3人のやんちゃ対応で、クラスに自習や空きの時間が多くなり、ざわざわする雰囲気になっている。

　上記のようなことが「荒れ」をさらに増幅させていく。
　クラスを荒らしている原因は、はっきりしている。
　目の前で、ちょろちょろしたり、おしゃべりしたり、他の子にちょっかいを出したりしている。このやんちゃたちを何とかしなければいけない。そう思って何とか指導をしてきたのだが、全然効果はあがらない。ますますひどくなる状況。
　それは、その「原因追求」に問題がある。原因となっている子供にばかり目が行き、それを追求することに終始してしまっていることである。
　まず、この「原因追求」をやめていくことである。先に述べた「2：6：2」の法則を思い出して欲しい。

 大切なのは、8割の子供たちの方である

　担任の視線のベクトルをこちらの方へ向けることがポイントとなる。

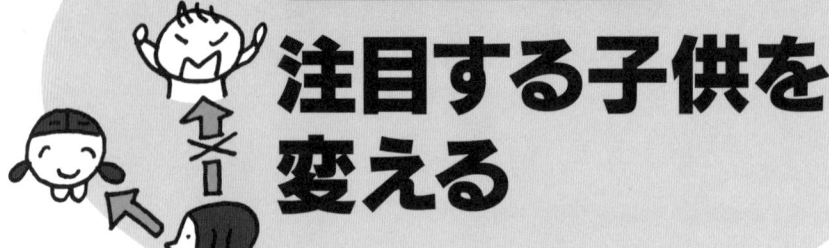

クラス回復作戦②
注目する子供を変える

◆ 視点の転換をすることが大切

「荒れ」に対する「原因追求」をやめ、次に新しく始めることがある。

 これまでの子供への視点を転換する

今まで「原因追求」のために「問題行動」ばかりに目を向けていたベクトルを、今度は「きちんとしている子供」、「きちんとしている場面」、「きちんとしている行為」に向けていかなくてはならない。

これにはかなりの「覚悟」がいる。今までの自分の行為を改めていかなくてはならないからである。

子供を認めたり、褒めたりする材料をいっぱい見つけられる教師になるのである。

意識的に変わろうとしなければならない。

◆ どのようなことを褒めていくのか？

たとえば、授業の最初の場面を想定してほしい。

今までは、日直が「静かにしてください」と何度も連呼していたのではないだろうか。担任も、最初と最後だけはちゃんとさせたいということで、何度も何度も注意していたのではないか。それをやめる。

まず、おしゃべりをやめてきちんとしている子供に、

「こんなに早く準備ができているんだね。えらいね」

と声をかける。
それで素早く全員がきちんとなったら、

「全員がすばやくそろったね。すごい！」

と褒める。
また、「教科書の〇〇ページを開けなさい」の指示に、すばやく開けている子供を見つけたならば、

「いいね、すばやく開けていますね。さすがだね」

と褒めていく。
こういうことを給食の時間、掃除の時間…と、ずっと続けていく。最初は効果がなくても、とにかく続けていくことが大切だ。
できていない子供は、見て見ぬふりをする。
褒め続けるのはエネルギーが必要だが、覚悟を決めてがんばる以外にない。
今までの「原因追求」をやめて、**子供たちを認めたり、褒めたりすることに方針を転換**する。

クラス回復作戦③ 「仕切り直し」をする

◆ 「仕切り直し」をするとは？

　原因追求をやめ、視点の転換が徹底できるようになったら、いよいよクラス回復作戦の本番である。
　教室に入ったら、静かにしばらく黙っておく。
　少し静かになったら、「机に顔を伏せなさい」と指示し、次のように語りかける（※いい加減な子供はほっておく）。

「先生は、夏休みの間にずっと考えました。このクラスはこのままでずっと続けていくことはできないな。みんなで過ごしやすい教室に変わっていってほしいなと思いました。
　今からみんなにも聞きますから手をあげてください。『このクラスは変わってほしいなと思っている人？』…。はい、顔をあげなさい。多くの人がこのクラスは変わってほしいと思っていました。先生の願いと同じです。
　先生も変わりたいと思います。だから、みんなも変わってほしいのです。そこで、先生がアンケートを作ってきました。
　これにはっきりと正直に思っていることを書いてほしいです。このアンケートは誰にも見せません。安心して書いて下さい。
　書いたら先生のところへ持ってきて裏返しに出します。あとは静かに本を読んでおきます」

このときに、テストを行うような机の配置にするなどして、まわりの子供にアンケートが見えないように配慮する。

アンケートを取ろう

こんなアンケートだったらどうだろう？

> ●アンケート（例）
> 1　先生に直してほしいところはどこですか？
> 2　このクラスで直したいことはどこですか？
> 3　どんなクラスにしたいですか？
> 4　他に言いたいことがあったら書きましょう。

手順

① アンケートを取る。
② アンケート結果をまとめる。多い順に５つぐらい書き出す。
③ １人１人呼んで、面接をする。５つにまとめたアンケート結果の中で、特に望むことを聞いていく。
④ その結果をさらにまとめる。３つぐらいにまとめる。
⑤ クラスに発表する。

「みんなにアンケートを取って、そして１人１人に望むことを聞きました。みんな、ありがとう。
　クラスのみんなが望んでいることがよく分かりました。先生も反省することがいっぱいありました。ごめなさい。
　これから、新しい〇年〇組をつくっていきたいと思います。
　そのために、アンケートの中のことを発表します。
　まず、先生に直してほしいことです。みんなの望んでいることから３つ選びました。
　それは、〇〇〇、△△△、□□□です。先生も全力でこの３つを変

えたいと思います。

　このクラスで変えたいことも３つ選びました（黒板に３つを書きだす）。これはクラスの目標にして取り組んでいきましょうね」

　このような形で「仕切り直し」を進めていく。
　一世一代の真剣さで、この「仕切り直し」は提示していかなくてはならない。
　得てして、このアンケートにふざけて書いたり、真剣に書かなかったりする子供が出てくるおそれがある。そんなことがないように担任の真剣さを訴えなくてはならない。
　真剣に「このクラスを変えたい」という気持ちを訴えるのである。
　２割のやんちゃにはうまく伝わらなくても、８割の子供たちに通じたら成功である。
　しかし、この８割の子供たちにも、担任不信が広がっているはずだ。
　それを払拭して、変えたいという思いを伝えなくてはならない。

「目標達成法」を導入しよう

　せっかく「仕切り直し」の気運が盛り上がったのに、次からどのようにしていくのかが曖昧で、また同じような雰囲気になっていくことがある。
　次にどのようにつなげていくかが大きなポイントになる。
　ここで「目標達成法」を提案したい。
　これは、子供たちの**「群れ」状態を「集団」へ高めていく方法**として提案している一方法である（詳しくは、拙著『新卒教師時代を生き抜く学級づくり３原則』明治図書、2011年を参照）。
　「クラスで変えたい」という願いを目標にしたはずである（担任は、この願いを達成できるような目標にしていくことである）。
　たとえば、次のような３つの目標になったとしよう。

> 「朝自習をうろうろしないできちんとするようにしよう」
> 「給食の時間の終わりはだらだらしないで時間を守ろう」
> 「掃除はさぼらないできちんとやろう」

「明日からこの目標について１つずつ達成していくようにしましょう。どの目標からがんばりましょうか？　多数決で決めましょう」
　と、子供たちに呼びかけ、次のような手順で取り組んでいく。

手順

① 朝の会で１つの目標を確認する。
② 終わりの会で、今日は守れたかどうか確認する。
　　○ 顔を伏せさせて、この目標をきちんと守れた子供に手をあげさせる。
　　○ 35人クラスならば、32人（子供たちと確認すればいい）達成できれば合格とする（完璧主義をとらない）。
　　○ 低学年は１、２日、中学年２、３日、高学年は３〜５日で合格できれば達成とすればいい。
③ このような形で３つの目標に挑戦する。
④ ３個の目標が達成できたら、「３個目標達成お祝い会」をしようと約束しておく（２時間ぐらいのお楽しみ会を計画する）。
⑤ これで終わりにしないで、目標達成法は継続していく。

　大切なことは、「合格」になったら子供たちと一緒に大喜びをすること。
　みんなで取り組んだことがうまくいったのである。クラスの危機を脱したということになる。
　このように、「仕切り直し」をするだけでなく、「目標達成法」につなげていくことが大切である。

クラス回復作戦④
楽しいイベントを企画していく

◆ 目標達成法を続けていこう

　「3個目標達成お祝い会」がクラスで実現したら、これからのクラスの方向ができる。子供たちはこのような「お楽しみ会」が大好きである。
　目標達成法で、「他の目標にも挑戦してみよう」と呼びかける。担任がつくった目標を5つぐらい提示して、「この中から2つ、挑戦する目標を選んでみよう」と誘いをかける。
　今度は1つの目標ではなく、同時に2つの目標に挑戦する。
　「今度は、2つ目標を達成できたら席替えしましょう」と呼びかける。
　クラス全体が目標へ向かって動き出すようになればしめたものである。「集団」化の動きである。

◆ イベント活動を継続的に進めよう

　このようにクラスが動き始めたら、もう少しクラスがまとまっていくイベント活動を継続的に進めるようにしたい。
　私のクラスでは、係（会社と呼んでいたが）をつくって2ヶ月に1回ほど大会を開いていた（詳しくは、拙著『学級経営力を高める3・7・30の法則』学事出版、2006年、第6章を参照）。
　次のような会社があった。

> ・新聞会社　　・バースデー会社　　・将棋会社
> ・トランプ会社　・ビデオ会社

　３人以上の申し出で、どんな会社もつくることができるようにした。
　問題は、活動の時間になる。この時間が保障されなくては活動が不活発になる。私のクラスでは、給食の配膳中に活動していいことになっていた。条件は絶対に配膳の邪魔にならないように、教室の後ろに座って静かに活動することであった。10分間ぐらいの時間になる。継続した活動ができた。
　時々、総合の時間をつかって、まとまった活動をすることもあった。
　この会社が、２ヶ月に一度の持ち回りで大会を開いた。子供が自分たちで企画し、自分たちで運営する大会になる。全員を参加させる大会である。
　将棋会社は、将棋大会を開く。将棋ができない子供には、はさみ将棋をさせる。そういう活動になる。そんな活動をしていたら、私の学級ではクラスのほとんどの子供たち（女の子たちも含めて）が将棋を覚えてしまった。
　子供たちの同士の交流が深まるのである。
　このように、子供たちと一緒に「楽しいこと」を企画していくことで、「群れ」から「集団」へと徐々に変化させることができる。

第2章

クラス回復術 その2
活動のスピードを変える！

　子供たちの体には、15秒のコマーシャルとゲームのスピード感が染みこんでいる。無意識だ。このスピード感を無視してはもう成り立たない。すべての学習や活動にこのスピード感が要求される。
　教室の「時間」の統率は、このスピード感を意識した試みになる。教室に「スピード・テンポ・リズム」をつくり直していくためのものである。荒れている学級では、教室の「時間」がおかしくなっているのである。
　すぐに回復の手続きを開始しなければいけない。

スピードのない活動をやめる

◆「時間の統率」のためにやめること1つ

　序章では、「時間の統率」に失敗しているクラスがあることを問題にした。

　この「時間の統率」についても、あわてて回復の手立てを打っていくより、そのまえに「やめていく」ことが1つある。

　学級が荒れてくると、必ず活動のスピードが遅くなる。「だらだらして、すべての活動にスピードがなくなっている」はずである。

　ほぼ100％そうなる。だから、まずこの「スピードのない活動」をやめていかなければならない。

◆けじめある活動を取り戻すための6箇条

　それでは、「スピードのない活動」をやめるためには、具体的にどうしたらいいだろうか。

　さしずめ、次のことを進めてみよう。

① すべての活動の「始め」と「終わり」をきちんと守る
② 学校で決められている日課表をきちんと守る
③ 特に、休み時間に食い込む授業は絶対にしない

④ だらだらとした「朝の会」をやめる

プログラムを整理する。だらだらと続けているプログラムがあるはずである。それを短縮するか、やめていく。

⑤ 授業はすぐ始める

日直に何度も始めの挨拶をさせない。「始めなさい」と指示をしてすぐ始める。

⑥ だらだらとした「終わりの会」をやめる

プログラムの整理をする。学校からのプリントなどは給食の時間などに配布しておく。

現代の子供たちの体は、TVコマーシャルやゲームなどの影響でスピード感に満たされている。子供たちは無意識なのだが、ゆっくり、もたもたした活動には不快感を覚える。不快感を覚えたら、その不快を覚えた通りに「だらだら」「もたもた」した反応を始める。

だから、まず「だらだらした活動」をやめていくことが必要である。

これは、教室にきちんとしたけじめのある「時間」を取り戻していく試みである。

教室に**「スピードのある活動」**を取り戻していこう。

「空白の時間」をつくらない

◆ 「空白の時間」とは?

　授業中、担任の先生が数人の子供たちを廊下に連れ出して叱っている。まえにも同じ場面に立ち会った。
　教室を見ると、子供たちが大騒ぎをしている。数人の子供は自習をしている様子だが、ほとんどの子供はおしゃべりをしたり、立ち歩いたりしている。こんな場面を見たことがないだろうか。
　担任の先生は教室で起こったもめごとを早く解決しようと必死の様子だが、そのために授業を何度もつぶしている。
　教室にいる子供たちには、一応課題を与えて自習をさせているつもりだが、まったく徹底されていない。ほとんどが「空白の時間」になっている。こんな教室を見たことがないだろうか。
　この「空白の時間」の積み重ねが、クラスのリズムを崩し、「荒れ」を呼び込んでいくのだということをこの担任の先生は知らない。
　誰からも学んでおらず、誰からも教えられていないのだから無理もない。

◆ テンポ良く授業をしよう

　「空白の時間」とは、授業中なのに何の学習もすることなく、放置されている時間のことである。子供たちは思い思いに勝手なことをして

いる。

　たとえば、算数の時間、練習問題ができない子供のそばに寄り添ってしきりに教えている教師がいる。熱心な指導。

　しかし、まわりの子供はもう練習問題が終わってしまっていて、隣の子供とおしゃべりをしている。端っこの子供は隣の子供と消しゴム遊びをしている……。

　これもまた「空白の時間」。

　教師は無自覚にこのような時間をつくってしまっている。

　こういう「ささやかな空白の時間」の積み重ねが、教室の「荒れ」を呼び込んでいくことを知っておかなくてはならない。

　どうしていくのか。

> **Point** 授業中は「空白の時間」をつくらないように、テンポ良く授業をしていく

　このことを肝に銘じておかなくてはならない。

　でも、どうしても自習にしなくてはならない場合は、必ず課題を与えて静かに自習する体制を練習させなくてはならない。

子供集団を動かすシステムづくり

◆ クラスの「仕組み化」を図ろう

　クラスがうまく動いていくために、どうしても実現しなくてはならないことは「クラスの仕組み化」である。
　その仕組みも、「学級システム」になっているかが大きな鍵となる。学級システムは次のように考えている。

> **Point** 子供たちが自分たちで動いていける仕組み

　教師が一々指示をしなくては動けない子供たちではなく、子供たち自ら動いていくシステムになっているかどうか。
　それが教室をリズム良く円滑に動かしていく基盤である。
　誰が、何を、どのようにすればいいかがはっきりしていることが重要である。
　私は、4つのシステムがポイントを握っていると考えている。

① **日直システム**
　　日直の1日の動きがきちんと決まっている。

② **全員当番システム**
　　1人1役の当番の仕事が決まっていて、それぞれの子供た

ちが自ら動いていけるようになっている。

③ 給食システム

　　　給食の準備、配膳、おかわり、残しの仕方がきちんと決まっている。

④ 掃除システム

　　　全員がどこを、どのように掃除するかが決まっている。

　担任である限り必ずクラスに仕組みをつくる。だが、私が提唱していることと決定的に違っているのは、それが「学級システム」になっているかどうかである。

　私が提唱した「3・7・30の法則」は、クラスに仕組みを確立していくシステムである（拙著『学級経営力を高める3・7・30の法則』学事出版、2006年を参照）。

　特に1ヶ月が大切な時間であることを強調している。

　この1ヶ月が1年間の学級づくりの80％を占めている。そのくらいの比重を占めていることになる。

　この時間をあとで取り戻すことはなかなかむずかしい。

　子供たちが自ら動いていく「学級システム」を早く確立することが大切である。

　だが、うまく「仕組み化」ができなくて、学級が思うように動いていない現状をどうしていくか。

　回復の手立てを打たなくてはならない。

　「銀の時間」がある。夏休み明け1週間。もちろん、「金の時間」は4月の1ヶ月。

　この時間に、もう一度「学級システム」をつくり直すことである。

教室の1日を「見える化」する

荒れる学級、荒れた教室

　学級が荒れていたり、崩壊したりしているクラスは、教室の状況が共通している。
　例外なく教室も荒れているのだ。
　放課後の教室を訪れてみればいい。
　机はばらばら。椅子も机からはみ出ている。ぞうきんがあちらこちらに散らばっている。くしゃくしゃにしたプリントが落ちている。掲示物が剥がれている……。
　寒々とした、殺風景な光景がそこにある。
　教室の掲示物にもまったく目が注がれていない。
　この掲示物には、必ず「時間」を統率するための試みがなされていなければいけないはずである。

1日を「見える化」するための方法

　荒れているクラスは、教室の1日の「時間」が遅く流れている。
　だらだら、ぐじゃぐじゃ、もたもた…。
　「時間」がスムーズに進んでいない。この積み重ねは、ますます子供たちのスピードを遅くしていく。
　回復させていくには、まず教室の1日を「見える化」する。

ここから着手すべきである。
まず、次のことをする。

① 1日の時間割にきちんと「**時間**」を記入する。

朝自習が何時から始まり、何時に終わるのか。
朝の会が何時から始まり、何時に終わるのか。
1時間目が何時から始まり、何時に終わるのか。
……
給食の時間が何時から始まり、何時に終わるのか。
掃除の時間が何時から始まり、何時に終わるのか。
終わりの会が何時から始まり、何時に終わるのか。
これらをすべて書き出し、前面に貼り出すのである。
そして、その時間にできるだけ沿うように進めていく。
次には、その時間に沿って掲示物を次々に掲げなければならない。

② 日直の仕事表　　③ 朝の会、終わりの会のプログラム
④ 給食当番表　　　⑤ 掃除当番表

　おそらくばらばらに掲示されている、これらの掲示物を統一して「見える化」しなくてはならない。
　掲示物の1つの役割は、この「時間」の統率になる。
　子供たちに1日の時間をきちんと把握させることが重要なポイントである。

朝自習ができるクラスにする

◆ クラスをチェックする3つのポイント

　クラスがうまくいっているかどうかを自己評価する観点が3つある。

① **朝会できちんと並んで静かに話を聞いているか**
② **朝自習が自分たちで静かにできているか**
③ **靴箱の靴がきちんと整頓されて並んでいるか**

　クラスが荒れてくると、朝会で子供たちはおしゃべりをしたり、きちんと並べなかったりしてくる。また、靴も靴箱に投げ入れたり、かかとを踏みつけて歩くようになってくる。
　①や③は、その様子を即座にチェックできるものである。②の朝自習は、クラスの「集団」化の様子が即座に出てくるものになる。
　クラスがまだ「群れ」の状態の時、朝自習は自分たちだけではできない。立ち歩いたり、おしゃべりをしたりの状態。
　こんなクラスになっているとしたら、すぐにも「集団」化できる回復の手立てを打たねばならない。

◆ 子供たちに目標を持たせて取り組もう

　まず、朝自習の大切さを訴えるところから始めなくてはならない。

次のような「仕切り直し」をする。

「みんなは朝の10分間に朝読書をしています。学校全体での約束はおしゃべりをしないで、静かに朝自習をすることになっています。ところが、おしゃべりをしたり、うろうろしたりしている人がいます。朝自習を静かにできることはとても大切なことで、勉強をしていくための基本です。先生はこの基本をもっとも大切にしたいです。

そこで、明日からこのクラス全体で取り組んでいきましょう。先生は次のような目標をつくりました。『朝自習を静かにできるようにしよう』です」

このような形で、クラス目標への取り組みをしたい。これは第1章でも紹介した「目標達成法」である。

① 終わりの会で、顔を伏せさせて担任が「できていない子供」に手をあげさせて確認する。
② 35人学級ならば、32人以上できていればその日は合格とする（完璧主義にはしない）。担任は「1日でこんなにできるようになった！」と大喜びをしてみせる。「明日もがんばって合格にしましょう。今日できなかった人は、明日がんばりましょうね」と声かける。

　もし、目標を守れない子供が多くいたら、その人数を目標の紙に書き出し、「明日はこの人数を少なくしていきましょう」と声かける。
③ 低学年は1、2日。中学年は2、3日。高学年は3〜5日。合格したら、黒板の上にでも目標を上げて、「目標達成！」とすればいい。

このようにして、ここでも子供たちに目標を持たせて「仕切り直し」をしていく。

朝の会をスムーズに行う

◆ プログラムが多すぎる

朝の会の一番のポイントは何か。
2つある。

① **短く、さっと済ますこと**
② **時間は5、6分**

何てこともないポイントである。
　ほとんどのクラスは、この朝の会に時間をかけすぎて、いつも1時間目に食い込んでいる（学期始めなどは仕方ないことではあるが…）。
　なぜか？　プログラムが多すぎるためである。
　出欠の確認をするのにリレー方式で確認している場合がある。これで5分はかかる。
　朝の歌を歌っている。だらだらしていて、終わるのに5分はかかる。
　それからプリントを配布する。そして、今日の予定を先生が伝えている。15分はかかっている。
　これでは1時間目に食い込むのは当たり前である。
　どうしても必要なプログラムとは何か。
　何のためにそのプログラムを設けるのか。
　このことを問いかけなければいけない。

◆ プログラムを絞り込もう

朝の会をスムーズにできる方式に整えなければいけない。
そのためには、まず第一に、プログラムの絞り込みである。
自分のクラスでどうしても必要なプログラムは何だろうか。
私のクラスは、次の4つだった。

① 出欠の確認　　　② 今日の目標確認
③ 宿題忘れの確認　④ 今日の予定

　5、6分でできることはこのくらいになる。プリント配布は給食の時間を使う。出欠の確認は、欠席の確認を班長に報告させるだけにとどめておいた。ただし、「今日の予定」だけはきちんと確認した。
　子供たちに1日の見通しをつけさせるためには、これだけは丁寧に行わなければいけない。

「1時間目は算数です。すぐに算数係は電卓の準備をします。
　2時間目は国語です。ごんぎつねの続きです。
　3時間目は体育になります。サッカーを行いますので、体育係は準備をきちんとお願いします…」

　このような連絡をきちんと行うことになる。
　プログラムの絞り込みで、時間通りに1時間目の授業が始まっていく。

チャイムとともに授業を開始する

◆ 単なる「形式」の押しつけになっている

　授業の最初の「あいさつ」にとても時間がかかるクラスがある。
いつも5分ぐらいかかっているのである。
　日直が「静かにしてください！」と何度も何度も連呼する。
　担任もきちんとできていない子供を注意する。ほとんど「モグラ叩き」状態。
　やっと始まる。
　こうしたことを毎時間続けていることになる。
　担任は授業の最初と最後は、きちんとけじめをつけさせたいという願いがある。そのために、こうした「けじめのない儀式」を続けている。効果があれば救いはあるが、何の効果も感じられない。それどころかクラスはますます落ち着かなくなっていく。
　担任は早く気づかなければいけない。「けじめ」という願いで実質は単なる「形式」の押しつけになっているのである。

◆ 時間に対する「けじめ」を持とう

　チャイムとともに授業を始めていくためには、担任の「覚悟」が必要になる。
　学校で決められている「時間」をきちんと守っていく「覚悟」。

これこそが大きな「けじめ」になる。

　1時間目の授業をきちんと始めていくには、担任は朝の会を時間通りに始めて、すぐ1時間目を始める「覚悟」が必要。職員室にだらだらといる時間はない。

　3時間目の授業を時間通り始めていくには、中休みの終わりの時間のチャイムよりも早く教室へ到着していく「覚悟」が必要。職員室でいつまでもお茶を飲んでいる時間はない。

　時間の最初を守っていくことは、担任の**「覚悟」**が必要になる。

　子供たちに「時間」のけじめを持たせるためには、担任の時間の**「けじめ」**がどうしても必要なのだ。

◆ 授業はすぐに始めよう

　授業の最初は、何度も日直に「静かにしてください！」の連呼はさせない。

　一、二度ですぐ「始めなさい！」と声をかける。だらだらしている子供はとりあえず見て見ぬふりでいく。

　「起立。かけ算九九の7の段を上がり九九と下がり九九が言えたら座ります」と、すぐに全員参加ができる導入で始めればいい。全員を授業の中へ引き込んでいくこと。これを心がけていけばいい。

給食は準備・片付けをスムーズにする

◆ 給食指導は「学級づくり」を左右する

　給食指導は「学級システム」の仕組みづくりの中でも最も重要な課題になる。
　だから、この給食指導がうまくスムーズに進んでいないとするなら、クラスはかなりピンチになっていると考えなければいけない。
　それほどにこの給食指導は、「学級づくり」を左右するものである。
　この給食指導のポイントは3つある。

① 準備はすばやくできているか
② 公平な配膳ができているか
③ きちんと片付けはできているか

　とくに準備と片付けは、給食指導を大きく左右してくる。給食をスムーズに進ませるポイントになる。

◆ タイム当番がタイムを記録

　まず準備をすばやくできるように回復させなければいけない。
　準備がすばやくできるとは、次のような行動になる。

　　タイム当番が「今から計ります」と給食当番に声をかける。

給食当番は白衣に着替え、2列に並び、すぐに出発。先頭の班長が「出発します」と声をかける。ここまでの時間が3分以内。手洗いは途中でさせる。タイム当番は、このタイムを記録する。

　担任は子供たちが自分たちでできるようにするために、列の後ろについて全体を把握する。タイムに注目させ、「今日の給食当番は3分以内で出発することができました！　とてもすばやくできました。素晴らしいです」と全体に告知しなければいけない。

◆ 担任は配膳台のそばで指導

　クラスが荒れてくると、給食の片付けが荒れる。残りが多くなるし、食器の片付けも乱雑になる。
　担任は片付けのとき、必ず配膳台のそばにつかなければいけない。片付けの仕方について、一々注意をしなければいけない。
　片付けの仕方は、次のことを徹底する。

手順

　① 班ごとに片付けの当番を決める。
　　…牛乳係、大きなお皿係、小さなお皿係、はし・スプーン係、
　　　パンの袋・ストロー係　など
　② パンの袋やストローは、最初は必ず担任のところへ持ってこさせて人数分あるか確認する。
　③ 食べられなかった分は自分できちんと処理をする。
　④ お皿はきちんと重ねておくように指導する。
　⑤ 食器の返却は、また並んで一斉に出発する。

　このように給食指導は、準備と片付けに全力を尽くしていくのである。

目標達成法で行う掃除の指導

◆ 担任が掃除への気構えを示そう

掃除指導の大切なポイントは3つ。

① 掃除分担をきちんとする
② 終わりの時間を守る
③ 担任も一緒に掃除

①の掃除分担は、どこを、誰が、何をするかを明確にしていくことになる。

②の時間は、どこの学校もだいたい15分か20分。

この時間できちんと終わるためには、役割分担が明確であり、掃除の班長の指示が出されているかどうかにかかっている。ただ漫然と掃除しているだけでは終わらない。

役割分担では、たとえば教室掃除で机運びの分担もきちんと決められていなければいけない。1列目は○○さん、2列目は○○くん……。

③は、最も大切な条件だ。テストの丸付けをしたり、教材研究の時間などに当てては絶対にいけない。担任自らが、先頭に立ってぞうきんがけをするくらいでなければいけない。そのくらいに掃除を大切にしているのだという気構えを示していくことになる。

◆「目標達成法」で仕切り直しをしよう

　クラスが荒れてくると、とたんに掃除がうまくいかなくなる。
　掃除をちゃんとやる子供たちが一部になる。だらだら、ふらふら。終わらない。給食を食べ終えてから、昼休み→掃除としている学校は、5時間目の始まりがいつも遅れてしまう。
　どうしていくか。
　ここでも「**仕切り直し**」をしなければいけない。
　まず、なぜ掃除をするのかの趣旨説明。自分たちが使っているところを自分たちで掃除していく大切さを力説する。
　「大リーグで活躍しているイチロー選手が、試合後、いつも欠かさず行っていることがあります（子供たちに問いかけてちょっとの間話し合いをさせる）。
　イチロー選手は、自分の使った道具の手入れを毎日しています。グローブやスパイクの手入れです。あの偉大な選手でも、いつも使っているものをこのように大切にしているのです。
　皆さんが掃除をするということも、同じことです。自分たちが使っている教室などをいつもきちんときれいにしていくことは、自分を成長させていく大切なことですね」
　そして、「掃除はおもしろいことでも楽しいことでもない。でも、たった15分の時間を黙々と耐えられないとするならば、他の何ができるようになるのでしょうか」と訴える。
　ここでも「目標達成法」を使えばいい。
　目標は、「掃除を時間内に終わるようにしていこう」とする。
　なぜ掃除をしていくかの趣旨をきちんとつかませることがポイントとなる。

終わりの会は短時間で終える

◆ 日直がテンポ良く進めていく

　終わりの会も、朝の会とポイントは同じだ。

① 短くさっと済ますこと
② 5、6分

　終わりの会がだらだらと長くなると、一番嫌になるのは子供たち。ここでもプログラムを精選し、どうしても必要なものだけに絞っていくことになる。
　私のクラスは次のようにしていた。

（※司会　日直）
1　明日の予定
　　「終わりの会を始めます。
　　先生、明日の予定をお願いします」
　　→担任が説明
2　目標チェック
　　「目標をチェックします。顔を伏せてください。
　　先生、お願いします」（日直も黒板に顔を伏せる）
　　→担任が数える。
3　宿題チェック

「宿題チェックです。今日は〇〇君がまだ終わっていません。
残ってやっていってください」

4　当番チェック

「当番チェックです。ゴミ袋当番がまだ終わっていません。
仕事をして帰ってください」

5　帰りの仕事

「帰りの仕事の人、仕事をお願いします」（電気当番、窓しめ当番、図書当番、分別当番などがさっと行動する）

6　さようなら

「机を整頓して下さい。椅子を中に入れてください。
さようなら」

→担任が「はい！」と言って机を離れる。

5、6分で終わる。日直がテンポ良く進めていく。

空白になる時間はない。

プリントは給食の時間に配布している。

短く、さっと終わるのは子供たちも望んでいることである。

◆ 早急に必要なプログラムに絞ろう

　学級が荒れてくると、終わりの会がとにかく長くなる。ますます子供がだらだらし、不快感が増す。

　子供たちは自分たちで時間を長くしていることに気づかない。気づいても早くしようという行動になかなか出ない。ただ不快感だけが増して、さらにだらだらするだけになる。

　だから早急に、何が遅くしているのかをチェックし、どうしても必要なプログラムだけに絞っていくことである。

　何が原因で遅くなっているのかをじっくりとチェックし、**どうするかの対策**を検討することがポイントとなる。

第3章

クラス回復術 その3
仕事のスタイルを変える!

「時間のゆとり」を持つためには、きちんとした原則がある。
　次の3原則になる。
原則1　時間をコントロールする手帳術を身につける。
原則2　「システム思考」をする。
原則3　「関門」をくぐり抜ける仕事術をもつ。
　いつまでも時間に追われた生活ではクラスを回復する余裕を持つことができない。
　私の37年間で培った仕事術をぜひとも参考にしていただきたい。

仕事の習慣をチェック

◆ 自分の仕事の習慣を見直そう

　教師生活も数年経過し、自分なりの方法で教師の仕事ができるようになっている。都市圏では、そんな若手がどっと多くなっている。

　教師は一度自分の方法を身につけてしまえば、なかなかその方法を手放さないでずっとそれに固執する。比べる場面がないので、習慣になる。そうすると、もう他の方法を受け付けなくなる。

　そんなベテランの先生を何人も見てきた（自分もそうだったか分からない）。若手の先生ならまだまだ固執することはないはずだ。

　そこで、まず今身についている仕事の習慣を点検してみよう。

　次のページに「仕事術チェックリスト」がある。

　◎…10点　○…5点　×…0点で点数をつけてほしい。

　私の目安で言えば、70点以上…合格、50点〜60点…まあまあ、50点以下…不合格ということになる。

　この仕事術は教師力を計る目安のものではない。

　あくまでも本来の教師の仕事をきちんとできる状態になっているかどうか、そういう仕事術を身につけているかどうかを点検するためにつくったものにすぎない。

　初任の先生は、項目1つずつを達成できるように目標にしてほしい。不合格になった先生は、やはり我流に陥っていると思った方がいい。若いときには有り余る時間があるが、いずれそれもなくなる。

仕事習慣チェックリスト

きちんとできている◎　まあまあ○　できていない×

チェック

	項　　目	
①	その日にどんな仕事をするか事前にきちんと計画を立てているか。	
②	出勤簿、出席簿（公簿）は、毎日きちんとつけているか。	
③	テストの採点は、その日に済ますようにしているか。	
④	提出物は、遅れないで提出できているか。	
⑤	週案は、空き時間にさっと書いてしまえるようになっているか。	
⑥	通知表は、余裕を持って仕上げているか。	
⑦	教室の教師机、職員室の自分の机は、きちんと整頓されているか。	
⑧	必要な資料がさっと出せるようにきちんとファイリングされているか。	
⑨	毎日の仕事は、勤務時間内で終わるようにしているか。	
⑩	土日は、校務を離れて自分の時間として使えるようになっているか。	
	合　　計	

◎…10点　○…5点　×…0点

「システム思考」を身につけよう

◆ けもの道を歩こう

　事務の先生に呼び出されて注意されたことがある。まだ若手の頃のことである。
「野中先生、出勤簿にはまとめて印を押さないで、毎日ちゃんと押すようにしてください。もう１週間もつけられていません。」
　クラスのことに全力を尽くしておけばそんなことはたいしたことがないと高をくくっていたのである。
　何度も注意されてはまずいと思い、何か手はないものかと考えたのである。
　そのときに思いついたのが「一本道」を通るということ。
　学校の玄関から入り、出勤簿のある職員室の前のドアから入り、そこで出勤印を押し、そして自分の机に行くという「一本道」を通るということにした。必ずその道を通る。そのように決めたのである。
　今までは前のドアから入ったり、後ろのドアから入ったり、先に更衣室に行って着替えたり、…とさまざまな行動をしていた。それで出勤印は思いついたときにしか押さないということが続いていた。
　「一本道」を歩くことだけは踏み外さないように守ることにした。その道の途中に「出勤印」はあるので、まったく忘れることはなくなった。それから私はピタリと「出勤印忘れ」はなくなったのである。しかし、そのときは、それが「システム思考」をしているのだと気づく

ことがなかった。

　後に、その「一本道」を「けもの道を歩く」と名付けて「システム思考」を意識したとき、さまざまな仕事をこのようにまとめていけばいいのだと気づいたのである。

◆「システム思考」を使ってみよう

　実は、この「システム思考」は「時間管理」をするためにはなくてはならない思考方法だったのである。

　誰が、いつ、どこで、何を、どうするか。

　これを一連の流れの中にきちんと位置付けていく。

　時間がスムーズに流れていく。

「学級づくり」の方法にも、「授業づくり」の方法にも、雑務を済ませていく方法にも、この「システム思考」は応用していくことができる。

　システム思考は「時間管理」には必須のアイテムになる。

手帳術で時間をうまく管理する

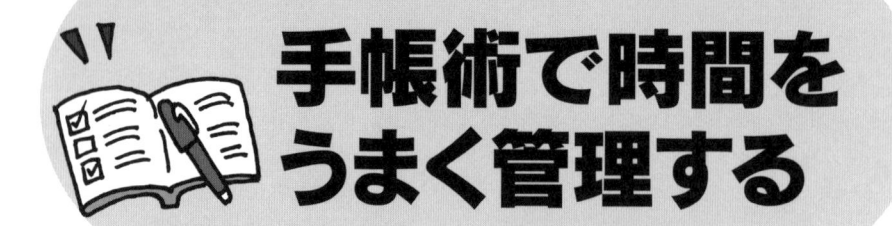

◆ まずは「時間管理」に取り組もう

　普通の教師が、普通に勤務時間の中できちんと学級経営の準備をし、本来の教材研究をして授業にのぞむようにするためには、それなりの仕事術を身につけなくてはならない。

　場当たり的に仕事をしていてはいつまでもそんな仕事術を身につけられない。まず取り組まなくてはならないのは、自分の**「時間管理」**になる。

◆ 手帳術を身につけよう

　その時間管理のカギとなるのが手帳術である。教師の手帳は工夫したものでなくてはならない。

　次に紹介するように、私は自作の手帳を使っていたが、この手帳が仕事をスムーズに進める上での決め手となった。手帳が自分の「時間管理」を上手にコントロールしてくれるものとなったのである。

　退勤するまえに「今日のスケジュール」の事項に明日必要な項目を思い出す限り書き出す。そして、それをいつ行うのか、予定表に書き写していく。そして、そのスケジュールにそって、その日は全力で1つ1つを消化していくのである。

◆ 野中流手帳術

まず、私がどのような手帳を自作していたかを紹介しよう。

今日のスケジュール　　　　　　18 年　3 月　3 日（金）

	事　項	完了	時　程	予定表	
1	一覧表提出	✓	6:00		
2	職員会議提案をまとめる（とじ込み）	✓	7:00		
3	卒業式練習　5・6校時	✓	8:20		
4	学年音楽　1時間目連絡	✓	8:30	㊡学年全体の音楽	6
5	ダンスクラブ発表中休み	✓	1		4
6	プラゴミについての注意	✓	2	㊡調理実習	2、11
7	生活リズム表配布	✓	中休み		1、5
8	㊡習字の時間連絡	✓	3		
9	重点研(全)段取り	✓			9
10	○○への連絡をする	✓	4		
11	歴史人物テストの答え○○先生へ	✓	給食 そうじ昼休み		10
12			5	卒業式練習	3
13					
14			2:50		
	<学校反省>		3:30 4:30		7、8
			5:00 7:00 8:00		
			10:00 10:30		

　全部にレ点がつくと「今日1日が終わったなあ」という気持ちになる。満足な気持ち。もちろん、その日の途中で新しい課題が出てきたらすばやく書き足していくこともある。
　〈学校反省〉は、学校の問題点を感じたら、これもメモをして学期最後の反省会に提出する。
　私は、このようなシンプルな手帳を自作して「時間管理」に取り組んできた。どうしても身につけなければならない課題である。

情報はノート1冊にまとめる

◆ 研究会では必ずメモをとろう

　ある学校の研究会でのこと。
　私は講師の先生の指摘されたことを自分なりの言葉でメモをしていた。ふっとまわりを見ると、ほとんどの人が聞いているだけ。特に、若い先生たちはノートさえもなくて、ただ漠然と聞いているだけである。これはいかんなあと思ってしまった。
　どんな研究会でも自分が学ぼうとすれば学びはあるのである。
　ただ漠然と聞いているだけでは、その時間が無駄になってしまう。
　子供たちに「学び」を促すならば、まず「教師」である自分から「学び」は始まらなければならない。
　何から始めていくか？

Point　まず、ノートを1冊準備する

　1冊がいい。項目別にいろいろなノートをつくりたくなる。しかし、続かない。1冊のノートにすべてを書き出していく方がいい。
　会議の内容、研究会の内容…。
　だから、手帳とノート1冊。これでまずスタートする。

Point **メモは、自分の考えを書く**

メモはひたすら書くことはない。

必要なことを箇条書きでメモることでいい。

しかし、研究会などについては言われたことをそのままメモることはしない。必ずそのときの自分の考えを付け加えておく。そのことがもっとも大事である。

メモ魔になろう

メモる習慣がついてきたら、小さな手帳を持ち歩くことをお薦めする。

私は、ズボンのポケットにいつも手帳を入れておいた。

いろいろなアイデア、思いついたことなどをメモしていた。

メモ魔になっているのである。

歩いていてふっと思いつくアイデアがある。

家についたらもう忘れていることだ。

でも、メモしていたらもう一度見返すことができる。

この積み重ねは大きい。

机の整理整頓に努める

◆〈公〉と〈私〉をきちんと区別しよう

　職員室の机が散乱している学校がある。

　前の先生の顔が見えないぐらいに書類を積み上げたり、本箱にぎっしり本を詰めこんでいる先生。ユンケルの飲みかけの瓶がおきっぱなしになっている先生。テストの丸付けができないぐらいに書類がたまっている先生。

　〈公〉と〈私〉を区別しようという意識が稀薄な先生たちがいる。

　こういう困った状態を放置している管理職がいる。管理職は、きちんと〈公〉と〈私〉の区別をするように指導しなければいけないのである。

　学校の中のすべての場所は、〈公〉的な場所。学校のすべてのものは〈公〉的なもの。職員室の机も、教室の机も、〈公〉的なもので、〈私〉物ではない。

　自分の家の部屋は〈私〉の場所であるので、どのように散乱していてもかまわない。だが、〈公〉的場所は、たとえ自分の机だとしても片付けておくのが公務員としての基本的な条件だと私は考えている。

　このことを勘違いしている先生たちがいる。

自分の机を片付けることから始めよう

　実は私も整理整頓が苦手であった。自分の部屋の片付けもうまくできない。
　だが、学校の教室や職員室の机の整頓は、努めてできるようにしてきた。
　37年間の教師生活の中で分かったことは、職員室の机の状態は自分の生活の現状であり、自分の仕事の現状であるということであった。
　自分の机を片付けてほしい。
　まず、そこから始めることである。
　整理整頓が苦手な先生は、とくに意識的でなければいけない。

〈整理〉は捨てること

　文書は1年間は項目別にファイルにまとめておく。そして、年度が終わったら必要がないものはどんどん処分する。

〈整頓〉は元に戻すこと

　文書類は積み上げておかないで、ファイルにおさめる。使った物は元へ必ず戻す。探す書類がすぐ出てくるようにまとめておくことである。こういう癖をつけておく。

　教室も同時に、いつもこざっぱりと片付けておくことは大切なことである。
　整頓が苦手な先生は、100円ショップでカゴをまとめて買ってくることをお薦めしたい。さまざまなドリル、書写ノートなどはこのカゴに入れて並べておくだけで整頓できる。

提出物は遅れずにだす

◆ 提出物は「早め」を心掛けよう

　朝の会や職員会議などで「〇〇について、〇日までに提出してください」という連絡がある。しょっちゅうだと思わなければいけない。ちょっと聞き逃すと、締め切りには間に合わない。いずれ出せばいいと高をくくると「締め切りに間に合わない、だらしない教師」というレッテルを貼られる。その教師はそんなことだけではなく、さまざまなことでそういう仕事ぶりをしてしまうからである。

　学校は組織として動いているのである。そのことが分かっていない。提出物は数多く出されることを覚悟しておかなくてならない。

　提出物で大切なことは次のことになる。

> **Point** 「あとでいいや」としまい込まないこと

締め切りに間に合わない人は必ずしまい込んでしまう。
それではどうするか。こうしていくのである。

① もらったその場で書けるものは書いて提出してしまう

　何かたくさん書こうと思ってしまうが、それではだめだ。
　その時に思いついたことをさっと書いて提出してしまう。

② 提出時期が先になっている文書がある

　調査して報告する文書などである。このような文書は手帳が必要になる。手帳に調査する日にちと提出する日にちを書き込む。

　①については提出文書類だけでなく、一言の作文などもそのようにしていた。転任する先生たちへの一言、卒業する６年生への一言、ＰＴＡ広報への一言、…この種のものもある。ほとんどが後回しになるものである。私は、すぐ思いついたことを書くようにしていた。
　②について、よく子供たちへのアンケート調査が来る。
　早め早めに調査して、提出始めにいつも出すように心がけていた。
　文書をまとめる先生たちにとっては、このような先生がいてくれると大変有り難いのである。
　私が教務主任をしているときには、提出文書は封筒に職員の名簿を貼り付け、締め切りを明示し、出勤簿のそばに掲げておいた。
　毎日先生方はその封筒を見ることになる。
　締め切りが書いてある。名簿に〇がもうついている。そういう様子を見ていると、締め切りが過ぎても出さない先生はほんの数名になる。出さない先生には付箋紙を机に貼って「提出お願いします」と書いておけばいい。

```
        〇〇アンケート
職員名簿
   ┌─────────────────┐
   │  ……………………………  │
   │                    │
   │  ……………………………  │
   │                    │
   │  ……………………………  │
   │                    │
   │  ……………………………  │
   └─────────────────┘
  締め切り　〇日まで
```

週案は短時間でつくる

◆ 週案を短時間でつくるには？

　ほとんどの学校では金曜日に来週の週案を提出することになっている。

　来週の授業計画を立てていくのである。

　ほとんどの先生は金曜日の放課後に週案を書いている。

　教科書や指導書をあちこち眺めながら書いていく。学年で打ち合わせをしながら書く場合もある。1時間はたっぷりかかる。

　金曜日の放課後に会議が入ったら大変である。会議が終わってから週案づくりになるので、保育園に子供を預けているママさん先生は必要な指導書などを家に持ち帰ることになる。

　週案づくりもまた結構時間がかかるものである。

　この時間をもっと手軽に、短時間でできないものかと考えて私の工夫が始まった。

　その結果、私の週案づくりは水曜日の専科の空き時間（15分ほど）で仕上げられるようになった。

　そのためには、一工夫があったのである。

年間計画をつくり上げよう

　年間の授業計画になる。学校の教育課程、指導書などを参考にすればよい。ただ、この年間計画は週ごとにつくり上げる。教科の１時間ごとの本時目標を入れる。ここがとくに工夫したところである。
　これだけでもかなり大変な作業だと思うかも知れないが、そんなにむずかしいことではない。指導書などは、きちんと１時間ごとの計画ができあがっている。それを参考にさせてもらえばいいのである。
　学年の先生方が多いときには分担もできる。
　私はずっと学級担任をしていたので、この計画を毎年つくってきた。しかし、一度つくってしまえば、教科書や教育課程が変わらない限りずっと使用できるメリットがある。
　他の先生方にもさしあげて、ずいぶん喜ばれたことがある。これは週案づくりのために始めたことだったが、１年間の計画を見通すためにはずいぶん役だったものである。
　若い先生などはどうしても進度が遅れてしまうのだが、この計画があると進度調整ができてしまう。
　ただ、１年間をつくり上げるのは大変だから、学期ごとにつくっていくようにしたら簡単である。この計画があるだけで計り知れないほどの効果をもたらす。
　この計画（次ページの資料）には、週ごとに各教科の「本時の目標」をのせている。年間計画の一部である。教科の進度にあわせて、週案にはこの「本時の目標」を書いていけばいいことになる。

> 資料

年間計画表

	8月31日～9月2日 (3)	9月5日～9月9日 (5)	9月12日～9月16日 (5)
国語	船・りんご（2） ・詩の表現を味わい、作者のものの見方・感じ方について考え、感想を持つ。	同じ訓をもつ漢字（2） ・同訓異字の語について知り、言葉や漢字についての関心を深める。	みんなで生きる町（13） ・教材文を読み、学習の見通しを立てる。(1) ・「ユニバーサルデザイン」の発想をもって、身の回りの施設や物について調べる。(3)
社会	《郷土の先人の足跡を調べよう》 ・新しい時代を作るために活躍した先人の時代に関心を持つ。(1)	《黒船が来た》 ・黒船来航とそれに対する幕府の対応や人々の動きなどを調べ、欧米各国と交易が始まっていく流れをつかむ。 《江戸幕府倒れる》 ・武士の世の中が終わっていく様子をとらえる。	《新しい政府をつくる》 ・明治政府の諸改革を調べ、政府がどのような国造りを目指したのかを考える。 《西洋に追いつけ》 ・西洋諸国に追いつけるような国造りを目指したことをとらえる。 《まちの暮らしが変わった》 ・新しい時代の西洋風なものや考え方が多く取り入れたことをとらえる。
算数	5．およそを考えて（4） ・目的に応じて、積を上から一桁の概数を用いて見積もることができる。(2)	・積や商の範囲を、乗数や除数を切り上げたり切り捨てたりして考えることができる。(1) ・単元のまとめ 6．平均（7） ・資料の合計と個数から平均を求めることができる。(2)	・平均と個数から合計を求めることができる。(1) ・平均と個数から合計を求めることができる。(1) ・集団の特徴を表す値として用いられる平均の意味がわかる。(1) ・単元の練習（1）
理科	4　土地のつくりと変化（16） 〈土地を作っているもの〉 ・教科書の写真をもとに土地の変化について興味関心をもつ。(1) ・地層の様子について調べ、小石、砂、粘土が層になって広がっていることに気づく。(2)	・地層は、小石、砂、粘土などの層が幾重にも積み重なって、縞模様に見えることをまとめる。(1)	〈地層のできかた〉 ・地層がどのようにできたかを話し合い、地層そのものに興味をもつ。(1) ・地層のできかたを調べるために、化石の標本と堆積実験を行う。(2)
体育	《本校の記録会》1	表現運動（5） ・自分やグループの良さを生かした踊りに取り組んだり、発表の仕方を工夫する。	

9月19日～9月22日 (3)	9月26日～9月30日 (5)	10月3日～10月7日 (5)	10月13日～10月14日 (2)
・調べたことを発表し、話し合って考えを深める。(5)	・話し合いで深まった考えを提案としてまとめる。(4)	漢字の広場 (2) ・絵を見て想像を広げ、5年生で習った漢字を使って、文や文章を書く。	日本で使う文字 (2) ・仮名の由来などについての知識をもち、言葉や文字への関心を深める。
《自由民権運動が広がる》 ・人々が新しい政治に持っていた願いについて考える。 《国会が開かれる》 ・明治政府が目指した政治のあり方についてとらえる。	《日清・日露の戦い》 ・日本とアジア諸国との関係の変化についてとらえる。 《戦争の影響と朝鮮の併合》 ・日本が朝鮮を併合するなどしてアジアへ勢力を伸ばすことで抵抗があったことを理解する。 《50年かかった条約改正》 ・日本が国力を充実させていったことを理解する。	《産業の発達と暮らしの変化》 ・産業の発達に伴って人々の暮らしが変化してきた様子をとらえる。 《平等な社会をめざして》 ・民主主義をもとめる様々な運動が盛んになってきたことをとらえる。	○戦争から平和への歩みを見直そう (14) 《戦争体験から学ぼう》 ・戦中・戦後を生きた人々の話を聞きながら、人々の思いについて、興味関心を深める。
・単元のまとめ (1) 7. 単位量あたりの大きさ (13) ・混みぐあいを単位面積あたりや一人あたりの大きさを用いて比べる。(2)	・人口密度を求めたり、比べたりすることができる。(1) ・単位量あたりの大きさを用いて表したり比べたりする。(1) ・単位量あたりの大きさの考えを用いている問題を解決する。(1) ・単位量あたりの大きさの練習。(1)	・時間と道のりから速さを求めたり、身近な場面で用いたりする。(1) ・時間と道のりから早さを求めたり、身近な場面で用いたりすることができる。(2) ・速さと時間から道のりを求める。(1)	・速さと道のりからかかる時間を求める。(1) ・単元のまとめ (1) ・わくわくチャレンジ (1) 8. 分数と整数のかけ算、割り算 (5) ・分数×整数の計算ができる。(1)
・地層のできかたについてまとめたことを発表する。(1) ・地層が地上で見られる理由について調べる。(1)	・地層の中には、砂、粘土などが固まって岩石になったものがあることを観察する。(1)	〈火山灰でできた土地〉 ・地層には、火山が噴出したときに噴き出した火山灰などが積もってできたものがあることを知る。(1) ・火山が噴火して吹き出したものには宝石のような粒が含まれていることを知る。(1)	〈土地の変化〉 ・各自の課題をきめる。(1) ・選択した課題を調べる。(2)
陸上運動 ハードル走 目標記録をもって、ハードル走の新記録に挑戦しよう。		《保健 病気の予防》8 ・色々な病気の原因や予防方法について調べる。(2) 《跳び箱運動》8 ・初めての跳び方に挑戦したり、安定した跳び方ができるようにしたりすることを楽しむ。	・自分の課題について調べたり、実験したりしてみよう。(2)

第3章 クラス回復術 その3 仕事のスタイルを変える！ 83

テストの採点はその日のうちに

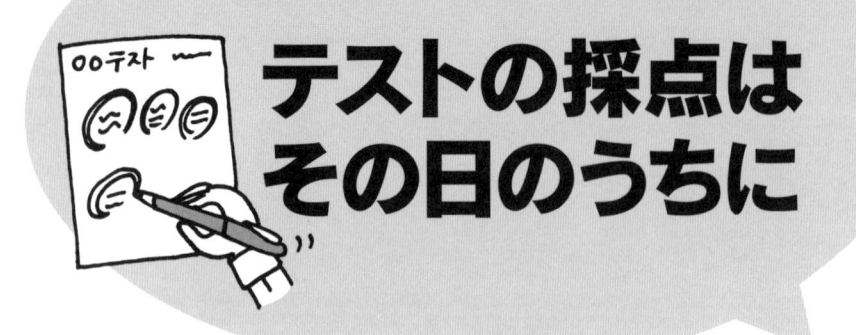

◆ 通知表をつけるためのテストはやめよう

　放課後の職員室で、教師たちはほとんどがテストの丸付けをしている。しかも何枚もの丸付け。

　私の若い頃は、通知表をつけるためのテスト週間（刈り入れ時という言い方をした）があった。

　1週間ぐらいずっとテストをするのである。

　1日に2、3教科のテスト。

　子供たちはうんざりしてしまう。

　通知表をつけるためだけに、まとめてのテストをするので子供たちはほとんど忘れている。だから、学習塾に行っている子供たちだけがよい点数を取ることになる。

　私も初任の頃はこんなことをやっていた時期がある。でも、絶対にやってはいけないテストになる。最近はこのようなテスト週間はなくなっている（はずである）。

　テストは必ず次のようにしなければいけない。

> **Point** 単元が終わった後にすぐにテストをする

　このような「当たり前」のことをきちんと習慣化することである。

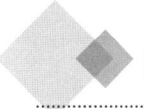

効率よくテストの丸付けをする方法

私は、テストの丸付けを放課後にしたことがない。
放課後は打ち合わせと教材研究の時間にあてるためである。
ここも発想転換が必要になる。
では、どの時間にするのか、ということになる。
ここでも「システム思考」で考えていく。

Point テストの時間に丸付けを始める

次のように「テストの丸付け」をシステム化していた。

手順
① テストの机にする。
② テスト開始とともにまだ理解ができていない子供たちにやり方を教えて回る。
③ テストを終えて提出した数が14、5人になったら丸付けを始める。
④ 丸付けは、答えを覚えられる範囲だけをどんどんつけていく。

私の丸付けの様子を見た子供が、その速さにびっくりしたことが何度もある。それくらいの速さ。
もちろん、丸付けペンにもこだわる。指サックもしている。
クラスの人数が30名を越えない限りは、テストの時間に返却し、間違い直しまですることができた。慣れてくれば、必ずできるようになる。
このように、テストは単元が終わったらすぐに行い、その丸付けはテストの時間に始めるのがポイントである。

ドリルは集めた時間に返す

◆ 子供に書かせたものは必ず確認しよう

　テストの丸付けについては、前項で書いた。
　他にも丸付けをしたり、確認をしたりするものはたくさんある。
　これらの丸付けは、ほとんど放課後の仕事になっていく。多くの先生方はこの丸付けに追われる。
　しかし、会議や研究会もあるので、なかなか丸付けは進まない。だから、丸付けしたものは２、３週間後に子供たちに手渡されることがよくある。子供たちはドリルやスキルに書いたことなどもうすっかり忘れている。
　こんな経験をされているのではないだろうか。
　私も同じような経験をしたことがある。
　だから、何とかならないものかと考えたのである。
　私のアイデアは次のようなことであった。

> **Point** 全部授業中に済ませてしまう

　そんなことが可能なのだろうか、と思われるだろう。
　可能である。実際に私はそうしていた。でも、次のようなことができなければ可能にならない。

Point 丸付けの時間までを授業時間に含める

　ほとんどの先生たちは、子供にドリルやスキルなどを書かせるまでを授業の中で行う。そして、それを集めて授業を終わる。
　私は、授業の中でそれを行ってしまう。
　どうしていたか。

手順
　○ 漢字スキルは、早い子供から持ってこさせて丸をつける。
　○ 計算スキルは、隣同士交代して担任の答え発表に合わせて丸付けをする。そして、間違いを直して担任に持ってくる。
　○ 担任は「はんこ」（日付が変わる自前のはんこを準備）を押しながら出来映えを確認する。
　○ 作文や書き方ノートなどは、約束事を決めていてその表示をつける。
　　例）ＡＡＡ…合格（スリーA花丸は素晴らしい）
　　　　ＡＡ……もう少し

　子供に書かせたものは必ず確認をするということを鉄則にしていた。気をつけていたことは、次のことであった。

Point ずらりと子供を１列に並べて丸付けをしないこと

　１列に並べていると、並んでいる子供たちに「空白の時間」ができる。しばらくすると、おしゃべりしたり、ケンカしたり…が始まる。
　これは、並べている先生の方の問題である。
　丸付けは１問だけにし、「１班持ってきなさい」と指示する。
　このような工夫をして、子供たちを１列にずらりと並べることを避けていかなければいけない。

作品掲示は授業中に済ませる

◆ 野中流「習字の授業」

　絵や習字の作品、子供たちの作文など掲示するものは多くある。これも放課後の仕事に回される。
　でも、私はほとんど授業の中で済ませてしまう。
　たとえば、習字の作品をどのように掲示していくのか紹介しておこう。
　私は習字の授業は苦手であった。筆遣いがうまくできない。それでも授業をしなければいけない。私の工夫はこのようにものである。
　松藤司先生の実践に私なりの工夫を付け加えたものである（松藤司『知的授業づくりの提案４　授業を安定させる学級経営術』明治図書、2006年）。

手順

① まず、最初に名前を書く。
　板目紙に習字用の名前を貼り付けておき、それを見ながら小筆で書く。１年間続けるとうまくなる。
② 筆を持つまえに「指書き」。
　筆順を確認して、半紙の上に何回か指書きをさせる。
③ さて、本番。
　教師が手本の上から朱墨で一画ずつ書く。

どのように書くのか説明しながら書く。
　一画書いたら、子供が同じように半紙に一画書く。
　※手本は書写の指導書などにあるものを使う。手本の上からだから教師のへたさが目立たない。
④ 書き終わったら全部の子供たちの作品を個別評定する。
　机間巡視しながら１人１人点数をつけていく。
　10点満点で、７点以上が合格。
　１回目は厳しくつける。
⑤ 数人しか合格しない。
　２回目も、同じように続ける。
　２回目の個別評定では、合格する子供が多くなる。
⑥ ３回目は、自分で書く。
　個別評定は、してほしい子供だけ。
　※ほとんど「先生、何点ですか？」と聞く。
⑦ ３枚しか書かせない。
　そのうちの１枚だけを選び、それを貼り付ける。
⑧ 選んだ半紙が乾いたら後ろの掲示板に貼り付ける。

　２時間あれば十分。３枚しか書かせないからである。これを１年間続ければ驚くほどにうまくなる。
　掲示板への貼り付けは十分に気をつけて教師立ち合いのもとにつけさせる。
　掲示も、授業の中で行うことがよく分かってもらえると思う。
　絵や工作の作品掲示も、同じような要領で授業中に行っていく。

通知表の仕上げ方①
位置づけを明確にする

◆ **教師たちの最大のイベント**

　担任教師にとって何が一番のイベントになるか。
　それは「通知表」をつけることになるはずである。
　1年に3回（二学期制のところは2回）。
　ほとんどの教師たちは、この時期、家や教室にこもりっきりになってしまう。
　最近は、パソコンで通知表を書くことになっている学校が多いので、職員室の自分の机に貼り付き状態になる。
　データを家に持っていけない学校が増えているので仕事は学校でだけになってしまう。
　学期末には、ほとんどの教師が土日に出てきて通知表づくりをしていると聞いている。
　大変なことになったものだ。
　しかも学校はほとんど通知表を書く時間を保障していない。
　学期末に会議や研究会を詰めている。
　いつ教師たちは通知表をつけていくのか。
　ほとんど勤務時間外になる。この教師たちの最大イベントが勤務時間内で行えないということが当たり前のように進行している。おかしなことだ。

日常実践と連動をしていく

しかし、嘆いていても始まらない。

私は、この通知表づくりで何とか時間短縮ができないものかと考え続けてきた。方法の視点ははっきりしている。

Point　いっぱい字が詰まった通知表ではなく、こちらの思いと子供たちの成績がすっきりと伝わるもの

教育界には神話のごとく信じられてきたことがある。
「びっしりといっぱいに書かれている」通知表が、教師の教育熱心を裏打ちするものである。

そのように考えている教師たちがいる。そのように思って推奨する管理職もいる。保護者も熱心な教師として見てくれるというわけである。

困ったものである。このように思い込んでいる。現実を見ていない。**通知表単独で次学期の励みになることはない**のである。

通知表は「所見欄」などを除けば単なる記号に過ぎない。所見欄なども、その学期の目立ったことの１つを書いただけのことで、受け取る側にとってはほとんど記号のようなものになる。

どのように詳しく、丁寧につくろうとも、このようなものである。

どうすればいいか。

Point　日常実践と連動して考えていく

このことがなくては所詮意味がないのである。

私は、ずっとこの通知表を多くの言葉で飾り立てていくなどの消耗をやめて、もっと日常実践に振り向けていけばいいと思い続けてきた。

さて、それでは私はどのように「通知表」と日常実践を連動させていたのだろうか。

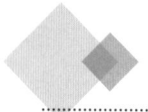

◆ 子供たちの「向上的変容」を伝えよう

　通知表とは、保護者へ向けて子供の成績を中心とする学校生活の様子を伝えていくものである。これを伝えていくことによって子供たちに次学期への励みをもたらしていくことがねらいになる。

　しかし、考えてみれば保護者へ伝えるものは通知表だけではない。家庭訪問でも、個人面談でも、あるいは保護者懇談会でも伝えているわけである。だから、通知表はその1つであるととらえていくべきである。

　私は最後の勤務校では次のように実践していた。

（※横浜は2学期制である）
〈前期〉
○5月家庭訪問…4月に子供たちががんばった様子を伝える。

○7月の三者面談…4～7月の4ヶ月間のがんばりと向上したことを伝える。夏休みの方向を確認する。親子共々三者で確認する。

〈後期〉
○10月の通知表…前期の学校生活の様子を伝える。

○12月の個人面談…9～12月の4ヶ月間のがんばりと向上を前期とのつながりで伝える。

○3月の通知表…後期の学校生活の様子を伝える。

　1年間は、子供たち1人1人の**「向上的変容」**をどのように子供たちや保護者に伝えていくかが担任教師の役割であると、私は考えていた。

だから、前期の４ヶ月間は向上の様子が即座に表れやすい実践を中心に取り組み、７月の三者面談では「ここが向上しています。努力すればこのように変わっていきます。これからがんばっていきましょう」と伝えることを中心の課題にしていた。向上の様子が事実として表れているのであるから極めて説得力があった。
　音読、漢字、発言の３つが私の中心的な取り組みであったが、この３つは向上の様子が即座に表れてくるものである。
　とくに、挙手発言ができなかった子供ができるようになってくると、極めて説得力が増した。
　子供たちは大きな変容を示していく。それに伴って成績も向上する。それが前期の通知表に反映されていくわけである。
「日常の実践」で子供の向上を促し、その「変容」の様子が三者面談で伝えられ、そして「通知表」で向上の様子がきちんと記号化、文字化されていく。
　私はこのようにして何人もの子供たちの大きな「変容」を見てきた。

通知表の仕上げ方②
資料づくりが決め手

◆ **途中経過で通知表はつけていこう**

私は、通知表の締め切り１週間前頃にはいつも済ませていた。
だから、ゆとりをもって学期末をおくることができた。
そのためにはさまざまな工夫が必要であった。

① 通知表にとりかかる時間をつねに意識していたこと
② 資料づくりが勝負になること
③ 文例集を十分に準備していたこと

①の通知表に取りかかる時間であるが、私は３学期制のときには次のような「通知表システム」で必ず行うようにしていた。

〈１学期〉
　６月中旬から「資料づくり」→６月末には資料作成完了
　→７月初旬から通知表づくり
〈２学期〉
　11月中旬から「資料づくり」→11月下旬に資料作成完了
　→12月初旬から通知表づくり
〈３学期〉
　２月中旬から「資料づくり」→２月下旬に資料作成完了
　→３月初旬から通知表づくり（３月中旬に要録も完了）

「えっ、そんなに早くからできるの？」と思うだろうが、「テストを全部済まさないと成績がつけられない」というのは神話である。

テストを全部終えて、その平均点を出してから取りかかっていたのでは、通知表をはやく終わらせるなど不可能なのだ。

私は途中経過で、とりあえずつけていく。それで十分。

変更がある場合は変更すればいいだけのことである。

◆ 資料を準備して通知表に取りかかろう

さて、②の資料づくりが勝負になる。

何の資料もない通知表づくりでは、時間を大幅にロスする。私の場合、次のような「子供に自己評価させる資料づくり」をしていた。

資料1 〈自分でつける「あゆみ」・行動のようす〉
○ 担任の1年間の指導内容になる。
○ 学期に2回ほど自己評価させる。
○ 通知表の「行動」の評価に連動している。

資料2 〈自分でつける「あゆみ」・学習の様子〉
○ 子供たちが学習の自己評価をしていくものになる。

資料3 〈学習・生活の様子（前期）〉
○ 特別活動の様子、当番の様子、委員会・クラブの様子などの自己評価をする。

子供たちは自己評価の甘さ、辛さはあるが、ほとんど正直につけるものである。経験的にはそうであった。

次ページ以降、資料1～3の具体例を載せているので、参考にしてほしい。なお、③の文例集の準備については次項で紹介したい。

資料1

自分でつける「あゆみ」 ＜行動のようす＞

あなたは、つぎのことをしていますか

		していない	ときどきしている	だいたいしている	いつもしている
基本的生活習慣	机やロッカーの中はいつもきれいに整理できている。			○	
	忘れ物をしないようにがんばっている。				○
	チャイムがなったら、すぐ席に着くようにしている。				○
	いつも見通しをもった行動をしようとしている。（次の時間の勉強道具・給食の用意など）		○		
	明るく大きな声で、友達や先生に「おはようございます」「さようなら」のあいさつができている。				○
	ハンカチやティッシュをいつも身につけ、遊びや給食の後に手洗いやうがいを忘れないでできている。			○	
	ろうかやかいだんでは、走らないで静かにあるく習慣がみについている。		○		
	休み時間は、外で元気に遊ぶようにしている。				○
明朗快活	休み時間などに、多くの友達と楽しく遊ぶことができる。			○	
	きたない言葉を使わないで、友達にやさしく話している。（相手を呼び捨てにする、てめえなどの言葉など）		○		
自主性根気強さ	班長などになるとき自分から進んでりっこうほしている。	○			
	係活動（会社活動）は自分から進んでやっている。（　　　　　　　　　）係			○	
	自分の考えをいつも発表しようとしている。		○		
	2学期の自分の目標に対して、進んで守ろうとがんばっている。			○	
責任感	当番の仕事を忘れずに進んでしている。（　　　　　　　　　）当番			○	
	使ったボールや読んだ本、ぞうきんなどを最後まで責任をもってあとかたづけをきちんとしている。		○		

4年（　）組　（　）番　名前（　　　　　　　）

		していない	ときどきしている	だいたいしている	いつもしている
	給食当番の仕事をきちんとしている。 （マスクをする、すぐ並ぶ、てきぱきとのこさず配るなど）			○	
創意工夫	係（会社）の活動で大会などを開いてみんなを楽しませている。	○			
	ノートをとるとき、分かりやすく、読みやすいように工夫して作っている。		○		
思いやり	体を動かさないで、先生や友達の話にじっと耳をかたむけている。		○		
	こまっている子のところへ行き、声をかけている。	○			
協力性	休み時間にひとりぼっちや2人ぼっちではなく、グループで遊んでいる。			○	
	係の仕事などをするとき、友達の考えをとり入れている。	○			
	友達から注意されたら、すぐ聞いている。		○		
	悪いことをしたときには、すぐ「ごめんなさい。」とあやまっている。			○	
自然	植物の水やりを忘れずによくしている。				○
勤労奉仕	学校の仕事や先生から頼まれたことなど働くことをすすんでしている。			○	
	そうじのとき、終わるまで手を休めずにやりとおしている。（おしゃべりをしないでどんどん自分の仕事をする。）		○		
公正公平	人に対してさべつをしないで、正しいことにしたがっている。			○	
	自分勝手をしないで、チームワークをいつも考えている。		○		
公共心	授業中、廊下などを歩くとき、静かに音を立てないであるいている。		○		
	学校のきまりやクラスで決めたことをきちんと守っている。			○	
クラブ	クラブ活動は、進んで参加している。				○
	クラブ活動の時間におくれないようにし、またあとかたづけもきちんとしている。			○	

自分でつける「あゆみ」　＜学習のようす＞

◎…よくがんばった（特にがんばったのハナマル）　○…がんばった　△…がんばれなかった

		内　容	◎○△
国語	関心意欲態度	進んでいろいろな本を読むことができた。	◎
		作文が好きで、進んで作文〈日記、手紙なども含めて〉を書いた。	◎
		百人一首に興味をもって取り組んだ。	◎
	話す聴く	相手に伝わるように、まとめて話すことができた。	○
		話の要点を正しく聞き取ることができた。	◎
	書く	必要な材料を集めて、歴史博物館のガイドブックを作ることができた。	◎
		自分の思いや感じをうまく俳句にあらわすことができた。	△
	理解	「生き物はつながりの中に」で、書かれている内容を理解し、文章の要点を読み取ることができた。	○
		「カレーライス」で、物語の人物の行動や気持ちに注意しながら、物語を読み取ることができた。	◎
	言語	学習した漢字をきちんとおぼえ、使うことができた。	◎
		書写では、大きさや形などに気をつけて、文字を正しく書くことができた。	◎
社会	興味関心	分からないことがあると教科書や資料集を使って調べることができた。	△
		歴史の勉強が好きで、いろいろな歴史のマンガや本をよく読んだ。	△
	態度	進んでニュース（新聞）などを見たりしている。	◎
	思考判断	古墳が作られたころの様子について考えることができた。（大昔の人々の暮らし）	◎
		奈良の大仏が作られた世の中の様子をとらえ、奈良時代の文化や社会の様子について考えることができた。（大陸に学んだ国造り）	○
		秀吉や家康の時代の政治について考えることができた。（武士の登場から全国統一へ）	△
		江戸幕府の鎖国や人々の暮らしについて考えることができた。（幕府の政治と人々の成長）	△
	資料活用	米作りが始まったころや、古墳が作られたころの暮らしの様子を資料などから読み取ることができた。（大昔の人々の暮らし）	◎
		奈良時代や平安時代の文化や政治について、資料などからとらえることができた。（大陸に学んだ国造り）	○
		室町時代の文化や農耕について読み取ることができた。（武士の登場から全国統一へ）	○
		江戸時代の政治や文化の様子についてとらえることができた。（幕府の政治と人々の成長）	△

6年（　）組　（　）番　名前（　　　　　　　　　）

社会	知識理解	米作りが始まって、人々の暮らしが大きく変わったことを理解することができた。（大昔の人々の暮らし）	◎
		飛鳥、奈良時代の政治の特色や平安時代の文化の特色が分かる。（大陸に学んだ国造り）	△
		鎌倉時代の武士社会のしくみが分かり、元軍との戦いの様子や幕府への影響を理解することができた。（武士の登場から全国統一へ）	△
		江戸幕府が行ってきた政治が分かり、江戸時代の学問や文化の特色をとらえることができた。（幕府の政治と人々の成長）	○
算数	関心意欲態度	教科書・ノート・鉛筆・下じき・消しゴムを忘れずにもってきている。	◎
		先生の言う「教科書の何ページを開きなさい。」が、すぐできている。	◎
		ノートに数字などを書くとき、ていねいに書いている。	◎
		すすんで手をあげている。	◎
		まちがえた問題は、もう一度やりなおしをしている。	○
	考え方	公倍数、公約数や最小公倍数、最大公約数を使って、問題を解くことができた。（倍数と約数）	◎
		異分母分数のたし算・ひき算を使って、問題の答えを求めることができた。（分数の大きさとたし算、ひき算）	◎
		直方体や立方体の展開図から、問題を解くことができた。（立体）	◎
		複雑な立体の体積を、工夫して求めることができた。（体積）	◎
		およその数で、積の範囲や商の範囲を求めることができた。（およそを考えて）	○
	表現処理	最小公倍数や最大公約数の求め方が分かった。（倍数と約数）	◎
		異分母分数のたし算やひき算ができた。（分数の大きさとたし算、ひき算）	○
		直方体や立方体の展開図を書くことができた。（立体）	◎
		直方体や立方体の体積や容積を求めることができた。（体積）	◎
		概数を見積もり、およその数の求め方が分かった。（およそを考えて）	○
	知識理解	倍数、公倍数、約数、公約数が分かった。（倍数と約数）	◎
		大きさの等しい分数が見つけられ、通分・約分ができた。（分数の大きさとたし算、ひき算）	○
		見取り図から立体の名前などが分かった。（立体）	◎
		体積の単位や直方体、立方体の求め方が分かった。（体積）	◎
		積や商の見積もり方が分かった。（およそを考えて）	○
理科	関心意欲	実験や観察に必要なものをさがしたり、そろえたりすることがすばやくできた。	○
		授業が始まるとき、教科書、ノートをきちんと用意することができた。	◎

資料3

学習・生活のようす（前期）

1. 前期の当番、クラブ、委員会
    - （ 分別 ）当番（係）
    - （ 図工 ）クラブ（部長・(副部長)・書記）〈○をつけます〉
    - （ 放送 ）委員会（(委員長)・副委員長・書記）〈○をつけます〉

2. 「前期の反省」（丸をつけなさい）

    ◎とてもがんばった（特にがんばったのハナマル）　○がんばった　△がんばれなかった

	項　目	◎○△
当番活動	自分の仕事をがんばりましたか。	◎
	だいたい忘れずに仕事をすることができましたか。	◎
	工夫してがんばりました。	○
	(どんなことをがんばりましたか) ゴミを分別することと、牛乳パックがたまったら給食室にもっていってます。	
給食当番	みんなと協力して仕事ができましたか。	◎
	すばやく並び、まとまって行動できましたか。	○
	マスクや白衣などをほとんど忘れることはありませんでしたか。	◎
そうじ当番	みんなと協力してそうじができていますか。	◎
	さぼらないで終わるまで手を休めずにやり通していますか。	◎
	チャイムがなるまでに終わるようにがんばっていますか。	○

6年（　）組　（　）番　名前（　　　　　　　　）

	項　目	◎○△
クラブ活動	みんなと協力してがんばっていますか。	◎
	話し合いでは、進んで自分の意見を言っていますか。	◎
	楽しく活動していますか。	◎
委員会活動	みんなと協力して仕事をがんばっていますか。	◎
	話し合いでは、進んで自分の意見を言っていますか。	◎
	先生から言われないでも活動できていますか。	◎
体験学習	しおりをよく読んで、見通しをもって活動ができましたか。	○
	自分の役割をきちんとやれましたか。	◎
	室内班での役割は何でしたか。　　**保健係**	
	行動班や室内班でよくまとまって行動できましたか。	◎
	行動班の班長の人は〇にします（　）室内班の班長は〇にします（　）	

通知表の仕上げ方③
所見文を書き上げる

◆ まず「定型文」を身につけよう

　通知表をつけるときには、「その子だけに合った事例を言葉にして伝えたい」という願いがある。

　しかし、なかなかこの領域には達しない。

　子供1人1人をきちんと見ておかなければいけない。日常的に記録しておかなくてはならない。

　文章力も試されるので、初任者などにはとても厳しい課題になる。それでも担任の先生たちは誰でもが通知表をつけなければいけない。

　私は、文例集を集めてみようと思い、さまざまな本や雑誌などから文例集を集めだした。

　集めだして気づいたことは、次のことであった。

> **Point** 通知表に書かれる文章には一種の「定型文」がある

　たとえば、通知表に所見を書くとき、一番困るのは次の2つである。

- 「目立たない子供」への文章をどのように書くのか
- 「できていない」子供への指摘の言葉をどのように書いたらいいのか

　これらの言葉に悩んでいる先生たちは多い。初任の先生たちはとく

に「言葉づくり」がむずかしい。

　この処方箋は、とりあえず「定型文」を身につけることになる。

〈授業中あまり目立たない児童の文例〉

　○ 控えめな学習ぶりですが、理解力はすぐれているので学習したことが十分身についています。特に…（＋それに付け加えて具体的にその子のすぐれている点を書いていく）

　○ いつも落ち着いて学習している態度は立派です。発言は多くありませんが、要点はきちんと押さえ、理解できています。
　　特に…（＋具体的にその子の良い点を書いていく）

　○ 話をしっかり聞くことができて、学習態度はとてもまじめです。
　　特に…（＋具体的にその子のよくできていることを書いていく）

〈基礎学力が落ちていたり、問題をもつ児童の文例〉

　○ もう一歩で解決できる段階まできているのにあきらめてしまうことがありました。自分の力で解決する喜びを味わわせるようにこれから指導していきたいと思います。ご家庭でも励ましをお願いします。

　○ 基礎的な知識や技能は十分持っていますが、毎日の学習に生かしていくのがもう一歩でした。（＋具体的によかったこと、がんばったことを付け加えていくこと）

　○ 理解力はすぐれているのに、友達や先生の話を聞きもらして、学習の理解が深まらないことが時々ありました。自分の考えと比べたり、確かめたりしながら落ち着いて学習できるように指導していきます。

◆ 書き出し文のあとには具体的事例を付け加える

　所見を書いていくためには、最初の書き出しを身につけていけば、あとは具体的な事例を付け加えればいい。

> **Point**　書き出しの文＋具体的事例

　そのためには次のような文例がある。

〈すぐれている児童の場合〉

○ どの教科の学習でも、安定した力を発揮します。自分の考えをしっかり持ち、的確な発言ができることはとてもすばらしいことです。特に…（＋具体的事例）

○ どの教科についても意欲的に学習に取り組み、知識や技能を確実に身につけています。特に…（＋具体的事例）

○ 学習に対する姿勢が積極的で、作業もはやく正確に進めることができ、学習内容もよく理解しています。特に…（＋具体的事例）

○ 各教科に優れた理解力を示し、常に課題意識をもって学習に取り組んでいます。特に…（＋具体的事例）

〈発言力がすぐれている児童の場合〉

○ 話すことに抵抗がなく、思ったことや考えたことを授業の中で出してくれます。特に…（＋具体的事例）

○ 自分の考えをしっかりまとめて話をすることができました。友達の意見も良く聞いており、自分の考えと照らし合わせて的確な発言ができました。特に…（＋具体的な事例）

○ 進んで学習に取り組み、発言も積極的でした。特に…（＋具体的事例）

〈がんばっている児童の場合〉

○ 友達や先生の話をしっかりと聞き取る力がつき、的を射た内容の発表を進んでするようになってきました。特に…（＋具体的事例）

○ 進んで発表するようになり、その発言に自信をもち、学習に積極的に取り組むようになってきました。特に…（＋具体的事例）

○ 発言する努力をよくして、どの教科でも意欲的に学習するようになりました。特に…（＋具体的事例）

○ 苦手な学習に対しても、決して投げ出さずに最後まで理解しようと努力することができました。特に…（＋具体的事例）

○ 学習へ向かう姿勢が著しく変わってきました。積極的です。目の色も違います。特に…（＋具体的事例）

○ むずかしい課題に対しても、自分で一生懸命考え、分かるまでがんばることができました。特に…（＋具体的事例）

以上のように、通知表は伝えたいことをすっきりと伝えられることが一番大切なことである。

第4章

クラス回復術 その4
「授業」のスタイルを変える!

　今まで多くの学校で進められてきた「授業研究」は、**「ごちそう」授業**の研究であった。1時間の研究授業のために躍起になってきた。

　私たちがここで提起する**「味噌汁・ご飯」授業**は、ともすれば軽く流されてきた1,000時間以上の「日常授業」に注目したものだ。「ごちそう」授業とは、まったく最初からベクトルが違う。教材研究の仕方も違う。学習指導案も違う。授業の展開も違う。授業の中身は70点で十分。しかし、子供たちへの学力保障はきちんとしようというものである。

日常授業の見直し①

「おしゃべり授業」をやめる

◆ **日常授業の課題とは？**

「味噌汁・ご飯」授業について考えていくまえに、多くの教師たちが行っている「日常授業」を見直してみたい。

日頃、多くの教師たちは次のような授業をしている。

① 1時間中ほとんど教師がしゃべっている。
② 時々、発問をして子供たちに答えさせている。
③ 答える子供たちは、3、4人。いつものメンバー。
④ そして、次に進んでいく。
⑤ 子供たちの作業や、活動の場が少ない。
⑥ だから、多くの子供たちが傍観者になり、先生の話を聞くだけの授業になる。

ほとんど教材研究をすることなく授業をするとなれば、このような授業になりがちである。これが多くの教師たちの現状。

こんな「おしゃべり授業」を毎日受けている子供たちの立場になって考えてみればいい。

まず取り組まなければいけないのは、この課題の克服になる。

全員が参加できる「活動」を組み入れよう

　教師に与えられている教材研究の時間はわずかな時間しかない。1日に1時間あればいい方だ。
　そういう現実を踏まえて何ができるか。
　いま、さまざまに一斉授業の問題点が指摘されている。
　私は、ほとんどの問題点はここにあるのだと考えている。
　子供たちは一方的に「聞く」だけの活動を強いられる。
　この問題点をどのように克服すればいいか。ヒントは、上にあげた⑤の課題にある。**子供たちの作業や、活動の場が少ない**のである。
　この**「活動」**が授業に組み込まれれば、ずいぶん授業の構図は変わってくるはずである。なぜか？
　この**「活動」**は、子供たち全員に指示されていくために、全員参加が果たされていく。
　そして、何よりも子供たちが自分で動いていく**「活動」**を保障していくことになるためである。
　授業は活性化するはずである。
　だから、まず第一に「日常授業」を変えていくためには、次の課題が必要になる。

> **Point** 授業を「活動」で組み立てていく

　授業には、子供たち全員が参加できる「活動」を組み入れることが大切である。

第4章　クラス回復術 その4　「授業」のスタイルを変える！　109

日常授業の見直し②
多様な「活動」を組み合わせる

◆ さまざまな子供たちの「活動」

　なぜ、「活動」を考えるのか。
　今までの授業は、本時の目標やねらいに基づいて指導していくという一方通行になっていたのではないか。だから、「おしゃべり授業」になったのである。
　もう一度子供の目線から「授業」を眺めてみる。
　子供たちが望んでいるのは、全員が参加できる「活動」である。「味噌汁・ご飯」授業では、この「活動」を中心に授業を組み立てていきたい。
　まず、「活動」とは何か。どんな「活動」があるのか。
　授業の中で、子供たちはどんな「活動」をするのか。
　子供たちの言語活動を含めて、広く「活動」を考えてみる。
　次のような「活動」がある。

①「見る」　②「聞く」　③「読む」　④「おぼえる」
⑤「書く」　⑥「話す」　⑦「話し合う」　⑧「動く」

　「活動の基本型」としてこの８つを設定する。
　今までは「見る」「聞く」というのを「活動」とは考えられてきていない。子供たちが作業したり、動いたりしていることを「活動」と

してきている。だが、ここでは広く「活動」として考えていきたい。

① 「見る」…板書を見る。先生の提示したものを見る。
　　　　　　テレビを見る。友達の作品を見る。など
② 「聞く」…先生の話を聞く。友達の話を聞く。など
③ 「読む」…本を読む。教科書を読む。音読をする。黙読をする。
　　　　　　など
④ 「おぼえる」…書いたものを覚える。詩を覚える。年号を覚える。
　　　　　　　　漢字を覚える。九九を覚える。など
⑤ 「書く」…ノートに書く。プリントに書く。など
⑥ 「話す」…自分の意見を発表する。など
⑦ 「話し合う」…ペアで話し合う。グループで話し合う。
　　　　　　　　全体で討論をする。など
⑧ 「動く」…体育で体を動かす。図工で作品をつくる。
　　　　　　理科で実験をする。歌う。楽器を演奏する。など

◆「活動」の組み合わせを考えよう

　このように「活動」を考えていくとき分かることがある。
　多くの教師たちの日常授業は「聞く」活動を中心にして、時々「話す」活動と「書く」活動を入れていくもの。きわめて限定的な活動に終始していることになる。
　ここを突破していくには、まず多様な「活動」を組み込んでいくことを考える必要がある。

日常授業の見直し③
原点から「授業」を考え直す

◆ **「インプット」中心の授業になっている**

　もう１つ日常授業を見直してみる。
　授業の原点からの見直しをしたい。
　「インプット」（入力）と「アウトプット」（出力）という視点を設定する。
　とりあえず「インプット」は学習を通して、知ったり、理解したりして認識すること。「アウトプット」は認識したことを書いたり、表現したり、伝えたりすること。
　そう考えると、「活動」は次のように分けることができる。

インプット　…「見る」「聞く」「読む」「おぼえる」
アウトプット…「書く」「話す」「話し合う」「動く」

こう分けたとき、気づくことがある。

○ 多くの教師たちが日常的に使っている「活動」は「インプット」中心だということ。
○ しかも「聞く」というインプットを多用している。
○「アウトプット」を使うことがとても少ない。

　いま多くの教師たちが行っている一斉授業の問題点がここには集約

されている。

◆「アウトプット」がポイントになる

　どのクラスでも教科の好き嫌いを調査すれば、必ず体育がトップを占めてくるであろう。ゲームなどをすることの楽しさがあるが、やはり子供たちは「動く」というアウトプットの活動を本質的に好むからである。

　同時に、図工で作品をつくったり、理科で実験をしたりすることを好むのは同じ理由であろう。

　ノート指導に力を入れている学校や学級を参観したことがある。

　多くの子供たちが常に鉛筆をもってノートに向かっている。習慣化しているので、書くことへの抵抗がない。これは素晴らしいことだと感嘆したことがある。「書く」というアウトプットの「活動」を意識的に導入しているのである。

　このように見ていくと、「アウトプット」の活動がポイントを持っているのだと考えることができる。

「アウトプット」の活動が子供たちを活性化していくのだ。

INPUT　見る・聞く　読む・覚える

OUTPUT　書く・話す　話し合う　動く

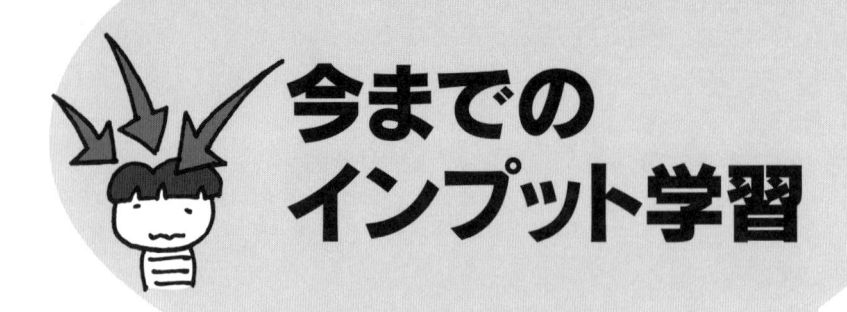

今までのインプット学習

◆「インプット学習」とは?

　私たちは、どのように知識や情報を子供たちに教えたらいいかについては、さまざまに多くの研究を積み重ねてきている。
　それを「インプット学習」と名付けておこう。

インプット学習

聞く、見る、読むなどの活動を通して、さまざまな知識や情報を知ったり、理解したりする学習。

「インプット学習」がめざす方向は、「知る」「理解する」という機能が中心になる。

◆「インプット学習」の問題点

　しかし、この学習には問題点もある。
　この問題点は、今までさまざまに問題視されてきたことでもある。

　○ 知識や情報が子供たちにインプットされない
　○ 知識や情報が子供たちに理解できない
　○ 知識や情報が子供たちに定着しない

きちんと教えたはずのことが、テストをしてみたらまったく理解されていなかったと頭を抱えてしまう経験を、私たちは何度も味わってきたはずである。
　「インプット学習」には、最初からこの問題が内包されていることを理解しておかなくてはならない。

◆ 良好な「インプット学習」を行うために

　「良好なインプット」をどのように図っていくかは、私たち教師の今までの課題であったし、これからの課題でもある。
　子供たちの学習は、学校の教育課程に規定されているもので計画的に指導されていくものである。子供たちの興味や関心に基づいて組み立てられているものではない。
　教師側にとっては計画的なものでも、子供たちにとっては突然に持ち込まれてくる＜教材＞になる。それが＜日常授業＞。
　３時間目の時間割は「国語」になっているので、子供たちは「今度の時間は国語だ」と国語の教科書とノートを机に出すという習慣になっている。「今度の国語は、『ごんぎつね』の最後の場面だな。どういう勉強になるのかな。楽しみだな」と思っている子供は、一部の子供であろう。稀なことかもしれない。
　だから、私たちの授業は最初から、いかに子供たちに「良好なインプット」を図るかが大きく問われていることになる。
　「インプット学習」の大きな課題は、子供たちの興味・関心をどう惹きつけるかにある。

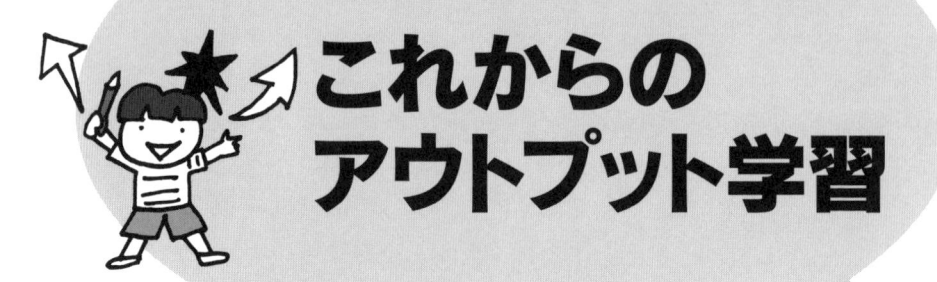

これからのアウトプット学習

◆「アウトプット学習」とは?

　多くの先生たちにとっては目新しい言葉になる。だが、私たちが今まで取り組んできたものでもある。
　まず「**アウトプット学習**」の定義をしておこう。

> **アウトプット学習**
> 書く、話すなどの活動を通して、インプットしたことを考えたり、伝えたり、表現したりする学習。

　「**アウトプット学習**」のめざす方向は、「**考える**」という思考活動であり、「**伝える**」「**表現する**」というコミュニケーションを図る活動でもある。
　また、何度も「アウトプット学習」を繰り返し行うことで確実に学力の定着が図れることにもなる。

◆ 良好な「アウトプット学習」を行うために

　アウトプットを最適化するためには、さまざまな条件がある。
　このような条件について、私たちはあまり意識的に積み重ねる研究をしてきていない。

私たちが今考えていることをここに書いておくことにする。

① アウトプットには、必ず**「行動、動作」**が伴う。**「書く」「話す」「話し合う」「動く」**という活動を意識することが必要。
② 良好なアウトプットには、良好なインプットが必要。良好なインプットが、良好なアウトプットにつながる可能性がある。
　しかし、必ずしも良好なインプットが良好なアウトプットを生み出すとは限らない。決め手は目の前の子供たちがそれをうまく選択するかどうかにかかっている。
③ 良好なアウトプットには、どうしても**「考える」**ということが不可欠になる。そのためには、**「書く」**という活動が中心になる。ノート指導は必須。
④ 良好なアウトプットを引き出していくためには、**継続**が大切になる。繰り返し継続していくことによって、**学力の定着**が図れる。

アウトプット学習は、次のような効用を子供たちにもたらしていくと、私たちは考えている。

1．知識の定着	2．思考の整理
3．論理的な思考力が身につく	4．考える力を養う

アウトプットで学力の定着を

◆ アウトプット学習が極端に少ない授業

　指導している２年生担当の初任の先生から相談された。
「漢字指導がうまくいきません。子供たちが漢字を覚えていません。国語の授業の最初には必ず時間を使って指導し、宿題でも出しているのに覚えていないのです。どうしたらいいのでしょうか？」
　確かにテストの結果を見てみると、ひどい結果だ。あれほど力をいれて指導しているつもりが結果として出ていない。初任の先生は首をかしげざるをえないであろう。
　こんなとき、得てして担任の先生は子供たちに原因を求める。
「これだけがんばってやっているのに覚えないのは、子供たちの理解力の問題だ。そういえば、他の勉強もなかなか理解してくれない。やっぱり子供たちの問題だな！」
　私は、その初任の先生の相談を受け、実際に子供たちの様子を見たり、先生の漢字指導の様子を見たりして分かった結論を次のように伝えた。
「先生は漢字指導のインプット学習はよくやっているが、アウトプット学習が極端に少ない。それで子供たちが漢字を覚えていないのです」
「じゃあどうしたらいいのでしょうか？」
「アウトプット学習というのは漢字指導の場合、小刻みにテストをするということになります。だから、まず今まで習った漢字を５問テス

トにして朝自習などに毎日やらせればいいです。そして、5問全部合格したら先へ進めるようにすればいいのです。1回だけでは覚えないので2回は繰り返した方がいいですよ」

◆ アウトプット学習の繰り返しが大切

それからその実践が始まった。子供たち1人1人に「漢字合格表」を持たせての実践である。

合格したら、その表に合格の印が押される。

1つ1つ合格している様子が目で見えるので、子供たちも意欲的になる。

昔の教師たちの漢字指導はこのようにしていたのである。経験的にアウトプット学習が必要であることを見抜いていた。

しかし、「新しい学力観」の導入で「覚えること」が極端に粗末にされた。かけ算九九指導も、漢字指導も、子供たちが嫌がるならば無理に強いることがないという風潮をつくり上げた。

（1）かん字　合かくカード

	合かく		合かく
5問テスト1	🎀	5問テスト12	
5問テスト2	🎀	20問テスト3	
5問テスト3	🎀	5問テスト13	
5問テスト4	🎀	5問テスト14	
20問テスト1	🎀	5問テスト15	
5問テスト5		5問テスト16	

アウトプットで学習の活性化を

◆「インプット」を「アウトプット」につなげる

　何かを「習得する」「学び取る」という学習には、どうしても「インプット」と「アウトプット」という視点から考える必要があることは今まで紹介したとおりである。

　理解したり、認識したりすることは何かを脳に「インプット」すること。

　なぜ「インプット」するかといえば、その「インプット」したものを使って「アウトプット」したいためである。

　この「アウトプット」したいために、知識や技術を習得したい（インプットしたい）という意欲で学習したものは、子供たちにとても身についていく。

　「アウトプット」したい気持ちが強ければ強いほど、学習は活性化していく。

　たとえば、劇の発表で主人公を演じることが決まっていれば（アウトプットの場が設定されている）、当然子供は一所懸命台詞を覚えるなどの「インプット」を行う。

　どうしてもアメリカに住まなければならないと決まっていれば、必死になって英会話ができるようになるはずである。

　このことが私たち教師に十分に理解できていなかったと、私は考えている。

「インプット」と「アウトプット」が切り離されて、それぞれ別々のもののように考えていた節がある。

◆「アウトプット」を意識した展開を考えよう

学習の課題についてまとめるとすると、次のようになる。

Point まず、「アウトプット」にしたいものを何にするか？

ここが分かってくると、学習単元の流れが決まってくる。

最初から「アウトプット」を意識した展開を考えていく。「インプット」してから「アウトプット」していくという流れではなく、最初から「アウトプット」を意識した展開にしていくことである。「アウトプット」することが「インプット」の効果的な方法になっていく。

水泳をうまくするには、うまく泳げる方法を教えてから（つまりインプットしてから）泳がせるのではなく、最初から泳がせながら（つまりアウトプットさせながら）うまくしていくことである。

国語の音読単元は、音読発表会をメインにすることが多い。そのためには、1時間目から発表会（アウトプット）へ向けての意識的な展開をすることである。

このように、まず「アウトプット」をどうしていくかを考えることがポイントとなる。

そうした時改めて「インプット学習」をどのようにしていけばいいかが問われてくる。

日常の授業は70点でOK

◆「アウトプット」の活動を意識しよう

ここでもう一度授業の中での子供たちの「活動」をあげてみる。

> **インプット** … 「見る」「聞く」「読む」「おぼえる」
> **アウトプット**… 「書く」「話す」「話し合う」「動く」

この分け方は、おおまかな分け方になる。

「書く」というアウトプットは、ある面では「インプット」にもなる（たとえば、漢字をおぼえるために書いておぼえる場合は「インプット」になる）。

最初から「アウトプット」を意識した「授業づくり」をしようとすると、「書く」「話す」「話し合う」「動く」という活動を意識することになる。

・ノートに自分の考えを「書く」という活動
・自分がおぼえたことをテストに「書く」という活動
・みんなの前で、自分の意見を「話す」という活動
・音読発表会で、自分のパートを音読し、発表する活動
・自分の意見を出し合い、グループの中で「話し合う」という活動
・ゲームで練習したことを試すという「動く」活動

など、さまざまな「アウトプット」の活動が想定される。

◆「現実」から発想した授業づくり

　このように「活動」を前面に出した「授業づくり」を私たちは「味噌汁・ご飯」授業と名付けてきた。

　超多忙な教師の「現実」から発想した授業である。

　教材研究の時間を多くかけた「ごちそう授業」とは違い、日常的に、短時間で「授業づくり」をしていこうと心がけている。

　70点の授業でいい。

　身構えない授業だ。

　それでも子供たちを飽きさせない、学力を十分保障する「授業」になっていくことを望んでいる。

　そのために「アウトプット」を意識した授業展開を考える。

　そして、多様な「活動」を組み込んだ授業展開も考える。

　うまく授業が回っていけば、教師は元気になる。

　教師が元気になる栄養素は、やはり「授業」がうまく進んでいくことなのだ。そのためには、短時間で即座に準備できる「授業づくり」が必要である。

学習指導案を無理なくつくる

◆ こんな指導案で始めてみよう

「味噌汁・ご飯」授業を始めてみよう。
　まず、最初は１時間の授業から始めてみたらどうだろう。
　最初は軽く、無理がないところから出発してみよう。
　たとえば、こんな指導案をつくってみたらどうだろうか（次ページ参照）。今までの、いわゆる「指導案」ではない。あれは研究授業用の指導案になる。
　この指導案は「味噌汁・ご飯」授業に合わせてつくってみたものだ。

◆ 授業の流れを見ていこう

「味噌汁・ご飯」授業では、分割型（ユニット）の授業を採用する。
　次のような分割型になる。

① 漢字指導（5分〜10分）
② 音読（5分・本時）
③ 本時（30分）

　漢字も、音読も、授業の中できちんと指導することをモットーにしている。基礎・基本の学力を保障するために、ぜひ必要なものである。

資料

学習指導案

　　　　　　　　　　　　　　　　　　　　　　　　　　[日時]　　　月　　　日　　　曜日　　　校時

[単元名]　3年光村図書「海をかっとばせ」(4/8)時間目

[本時の目標]　第3場面を読み、ぶいにあらわれた男の子に対するワタルの気もちを読み取る。

[本時の活動]

本時・始め	聞く 書く	学習課題「ワタルは男の子に対してどう思ったのだろうか。」 自分の予想をノートに書く。
		教材・教員・指導言など（余裕があれば）記入
本時・中	話し合う 話す	グループ(3、4人)で話し合う。 グループの代表が発表。
		教材・教員・指導言など（余裕があれば）記入
本時・まとめ	書く	まとめを書く。
		教材・教員・指導言など（余裕があれば）記入

漢字	内容 平 練 習	活動 読む 空書き 指なぞり書き なぞり書き 写し書き

取り扱う漢字・ページなどを記入

漢字	内容 3場面	活動 四面読み

取り扱うページなどを記入

◆ 授業展開を見ていこう

　まず、漢字指導で新出漢字を毎時間２、３個きちんと指導していく。５分から１０分の時間。
　そして、毎時間音読指導を５分間行う。本時の音読指導になる。
　音読は、さまざまな方法を用いる。
　最後に、本時（30分）になる。学習課題は１つ。課題について、最初は１人１人で自分の予想をノートに書いていく。３、４分。
　それからグループで集まり、話し合いをする。それぞれ自分の予想を発表してから話し合いに入る。１０分ぐらい。はじめはうまくいかないが、慣れてくるともっと短い時間で終わる。
　そして、それぞれのグループで代表者が発表する。まとまらなかったら、意見の違いを発表すればいい。
　最後に、教師が出てきた意見を束ねて、学習課題の答えを導き出したい。

◆ 指導計画は単元全体をつくろう

「味噌汁・ご飯」授業に慣れてきたら、今度は単元全体の計画が立てられるようになりたい。もちろん、この指導計画も私たち独自に開発したものである。
　○ 指導計画は、８時間扱いならばその時間分の指導案にする。
　○ 漢字指導、音読指導は、上記の指導の通りである。
　○ 本時展開は、30分。＜始め―中―まとめ＞として考える。
　　それぞれ「活動」を書き出す。
　○ 活動の下には、発問などを適宜書き出しておく。
　○ なお、指導計画の「本時の目標と活動システム」の項については129ページの〈授業展開における活動システム〉を参考にしてほしい。

国語学習指導計画

1 学年・単元名（3年光村図書「海をかっとばせ」）
2 単元目標（指導書より）
　○ 場面の移り変わりに注意しながら、登場人物の性格や気持ちの変化、情景などについて、叙述をもとに想像して読むことができる。
　○ 文章を読んで感じたことを発表し合い、一人ひとりの感じ方について違いがあることに気づくことができる。
3 具体目標（分かりやすくまとめたもの）
　○ 書いてある文章や言葉から、登場人物の性格や気持ちを読み取る。
　○ 書いてある文章や言葉から、登場人物の気持ちの変化を読み取る。
4 場面分け　省略
5 時間数　　6月　8時間（読5　書3）
6 単元指導計画

時	本時の目標と活動システム	漢字	音読	始め	中	まとめ
1	初発の感想を書く。			聞く　書く　読む　 ○ 範読 ○ 段落分け ○ 一斉読	書く ○ 感想を書く	話す ○ 感想の発表
2	場面設定を確認する。 C　指名発表型	球　打	全文を読む。 ○ 段落ごとの移動読み	○ 学習課題 　物語の場面がどうなっているか考えよう。	○ 読解トレーニング ① 登場人物は誰ですか。 ② 場所はどこですか。 ③ 季節はいつですか。 ④ この話は、一日のうちいつのことですか。 ⑤ 何をした物語ですか。	○ p79の言葉
3	第1、第2場面を読み、特訓をするワタルの行動からどんな人物であるかを読み取る。 B　グループ発表型	流　波 重	1場面、2場面 ○ 1場面 　立って1回 ○ 2場面 　p66 　黒板の前で1回 ○ 2場面p67 　ロッカーの前で1回	○ 学習課題 　ワタルはどんな子どもなのだろうか。	○ 例示 ・ワタルは、今年から野球チームに入った。 ↓ 野球が好き ○ 3つ書いたら、ノートを持ってくる。1つだけ板書。	○ 板書の発表 ○ まとめる
4	第3場面を読み、ふいに現れた男の子に対するワタルの行動や気持ちを読み取る。 B　グループ発表型	平　練 真	3場面 ○ 四面読み	○ ワタルは男の子に対してどう思ったのだろうか。 ○ 学習課題を書く。 ○ 自分の予想を書く。	○ グループで話し合う。	○ 代表で発表

授業展開のやり方

◆ 授業展開はこのように組んでみよう

「味噌汁・ご飯」授業の導入の時には、無理をしないでできるところから入った方がいい。

まず「おしゃべり授業」や3、4人の発言で進んでいく授業を変えたいと考えられる場合、本時展開は、まず次のような進め方から始められればいい。

① **主要発問**
② **自分の予想（ノート）**
③ **列指名で発表**
④ **まとめ（意見を束ねて、教師がきちんと答えを言う）**

自分の予想を**書く**。列指名で**発表する**。いずれも「アウトプット」を導入している。全員の子供たちも参加させている。

列指名のところは、時々男女別指名、班指名、番号別指名、ランダム指名などに変えればいい。

◆ 授業展開における「活動システム」

軌道にのってきたら本時展開を「活動システム」としてまとめていけばいい。

〈授業展開における活動システム〉

A ペア発表型
① 「聞く」「書く」（本時の学習課題・発問）
② 「書く」（自分の予想）
③ 「話し合う」（ペア）
④ 「話す」（ペアのどちらか1人）
⑤ 「書く」（出された意見のまとめ）

B グループ発表型
① 「聞く」「書く」（本時の学習課題・発問）
② 「書く」（自分の予想）
③ 「話し合う」（グループ）
④ 「話す」（グループの代表）
⑤ 「書く」（出された意見のまとめ）

C 指名発表型
① 「聞く」「書く」（本時の学習課題・発問）
② 「書く」（自分の予想）
③ 「話す」（列指名など）
④ 「書く」（出された意見のまとめ）

D 板書発表型
① 「聞く」「書く」（本時の学習課題・発問）
② 「書く」（自分の予想）
③ ノート提出
④ 「書く」（板書）
⑤ 「話す」（板書したことを発表）
⑥ 「書く」（出された意見のまとめ）

E その他

このように、インプットやアウトプットを組み合わせた授業展開を考える。

これは、短時間では身につかない。継続して身につけていくものである。

終章

Q&A
「うまくいかない…」
のために！

　37年間現場教師として生活しながら、さまざまな困難に巡り合ってきた。決して順風満帆な生活ではなかった。それでも何とか乗り切ってこられたのは、この終章の9つの質問への答えにあることは明らかである。
　私はこのような「生き方」を選び取ってきた。あなたもまた、自分なりの「生き方」を選び取ってほしい。

Q1 うまくいっている先生とそうでない先生との一番の違いは何ですか？

A 「当たり前」のことを積み重ねる

　うまくいく人とうまくいかない人がいます。
　楽しそうに教師生活をおくる人もいれば、いつも不平不満を口にして過ごす人がいますよね。
　その違いは、端的に言って、その人がその仕事をどのような「考え方」で行っているかどうかにかかっていると、私なら言い切ります。
　人は自分の「考え方」に合わせて「なりたい自分」になっていくものです。教師も同じ。その人の「考え方」に合わせて、なりたい「教師」になっていきます。
　では、どのような「考え方」で教師生活をおくればいいのでしょうか。
　クラスが思うようにいかないとき。
　どうしていいか分からなくなったとき。
　もう投げ出したいなあと思ったとき。
　職員室での人間関係に悩んだとき。
　いついかなるときでも、自分なりにきちんとした「考え方」があれば、自信をもって生き抜いていくことができるものです。
　いま目のまえにある「当たり前」を「あって当然」と思えば感謝の気持ちは何も起きてきません。感謝の気持ちが起きないと、そこからいろいろと工夫しようという気持ちは起きてこないのです。
　目のまえにあることは「当たり前」ではない。
　それは、なくすとよく分かるのですが、積み重ねて「当たり前」に

なっているのです。

　教師生活だって、同じことなのです。

「当たり前」のことを徹底できるかどうか、それにかかっていると思います。

　たとえば、朝、職員室にだらだらいてクラスの朝の会に遅れていくということはないでしょうか。

　いつも朝の会が１時間目に食い込み、１時間目をだらだらと始め、２時間目の授業時間は休み時間に食い込み、３時間目の始まりにはお茶を飲んでいて間に合わない…。

　いつものだらだらした日々の繰り返し。ただ時間を消費しているだけで何も見えてこないし、子供たちもだらけている。

　どんなに格好いいことを言っても、この「行動」にその先生の教師としての姿が出ています。つまり、その先生の「考え方」がここには出てくるのです。

　真剣に、決まっている時間を「当たり前」にちゃんとやってみる。

　朝、教室へ早くかけつけて朝の会を時間通りきちんとやる、１時間目は時間通り、２時間目も休み時間に食い込まないようにぴたりとやめる、３時間目の始まりとともに授業を始める……。いつのまにか子供たちも時間をきちんと守れるようになる。

　考えてみれば、何の変哲もない「当たり前」の行動なのです。

　しかし、これができるためには、その先生にきちんとした「考え方」がなければいけません。

「当たり前」のことを「当たり前」に行動するという考え方です。実は、元気に教師生活をおくるためには、その「考え方」をきちんともっていることが一番大事なことなのです。

Point　教師としての「考え方」をきちんと持つ

Q2 楽しい教師生活をおくるためには何が一番大切ですか?

A とりあえず、楽しそうに仕事をしてみる!

　内田樹さんは『こんな日本でよかったね』(文春文庫、2009年)で次のように書いています。

「現場の教師のみなさんには、できるかぎり機嫌良くお仕事をしていただきたいと私は願っている。
　人間は機嫌良く仕事をしているひとのそばにいると、自分も機嫌良く何かをしたくなるからである。
　だから、学校の先生がすることは畢竟すればひとつだけでよい。
　それは『心身がアクティブであることは、気持ちがいい』ということを自分自身を素材にして子どもたちに伝えることである」

　しかし、そう言われて、すぐに機嫌良くできるものではありません。
　機嫌悪くなることが教育現場は無尽蔵に押し寄せてくるからです。
　でも、ここは冷静に考えてみましょう。
「機嫌良い」というのは「楽しい」ということです。
　仕事は楽しくしたい。
　楽しくないとなかなか続かない。
　でも、仕事は楽ではないとつくづく思います。
　コマネズミみたいに教師は働いています。
　これから私たち教師の仕事は、ますます厳しくなっていきます。
　そこで発想を転換してみましょう。
　まず、「機嫌良く」振る舞うところから始めてみましょう。

心理学では、次のように言われます。
「楽しいから笑うのではない。笑うから楽しくなるのだ！」と。
　これを応用します。
　子供たちの前でニコニコ笑ってみましょう。
　廊下を歩きながら鼻歌のひとつでも歌ってみましょう。
「ゴミを落としてゴミなさい」「トイレへいっトイレ」などと親父ギャグをとばしてみよう（実はこれは私でした）。
　このように考えていると、ふっと今までのもやもやした気持ちが軽くなるものです。
　私は、何度もこんな経験をしたことがあります。
　こんな行動が「当たり前」になっていくとしめたものです。

> **Point** まず機嫌良く仕事をしてみよう

Q3 教師生活がつらい時にどうやって切り替えればいいでしょうか。

A1 悩むな！

「悩むな」と言われて「はい、そうします」と言う人はまずいません。
　今まで「悩むこと」はそんなに否定的に考えられてきませんでした。なによりも、「『悩んで、悩んで』自分の道を見つけていくのだ！」と考えられてきたからです。でも、考えてみてほしいのです。
　悩んで解決するのだろうか？
　悩むことで方向が見つけられるのだろうか？
　多分そうではないのだろうと思います。
　自分を痛めつけるだけです。
　悩むことのほとんどは時間が解決してくれます。その証拠に、1年前、2年前の今頃に悩んでいたことをほとんどの人は覚えていないでしょう。きちんと時間が解決してくれたのだから。
　これも考え方のひとつです。
「悩まない」訓練をする必要があります。
　どうするか？
「行動する」ことです。
　悩んでいないで、次をどうしていこうかと考えのベクトルを変えていくことです。

A2 反省するな！

「反省するな」という言い方は、多くの方から批判を受けます。

「反省は必要です！　反省しないと進歩がありません！」

ほんとうでしょうか？

反省して、うんと進歩した人はいるのでしょうか？

そのように思い込んでいるだけではないでしょうか？

反省すると、これも自分を痛めつけていくことになる。まじめな人ほど反省でズブズブに自分を痛めつけていくものです。

ここからは生産的なものは生まれてきません。

A3　次が大切だ！

「悩まないで、反省しないで」、「次をどうしよう」という問いかけだけが必要だと、私は考えています。

「悩むこと」も「反省すること」も、「次の行動」に集約すればいいのです。

このことを「当たり前」にする。

ふっと生き方が軽くなる。

私が尊敬する福沢諭吉は、いつも「カラリとした明るさ」で生きていた人でした。「悩む」とか「反省する」とかは、無縁の生き方だったように思います。

福沢は、「次をどうしよう」という行動精神からいつも動く人だったのです。

私たちはその行動精神を学んでいく必要があるのではないでしょうか。

> **Point**　「次の行動」だけが、もっとも必要なことだと心がけよう

Q4 教師にとって一番必要な資質とは何でしょうか？

A1 「素直の三ステップ」

　松下電器（現パナソニック）を開業した松下幸之助さんが言われています。「成功する人は総じて素直です。人が成功するために一つだけ資質が必要だとすれば、それは素直さだ」と。

　これは、素直になるのがいかに難しいかを物語っているとも言えます。

　また、経営コンサルタントの小宮一慶さんは、「素直の三ステップ」を次のように紹介されています（小宮一慶『人生の原理』サンマーク出版、2010年）。

「素直には三つの段階がある。

　まず、聞くこと。

　人の話を聞けるかどうか。

　聞く態度でその人の素直さが分かる。

　頑固な人は、聞くまえにはね返してしまう。

　そうすると人の知恵を活かせないし、人も話してくれなくなる。

　二番目は、いいと思ったことはやってみること。

　リスクの小さいことは、とにかくやる。

　聞いたふりをしているのが一番よくない。

　三番目は、やり続けること。

　結果が出るまでやり続ける。

　素直になるにも修行が必要ということ」

　教師にも、また同じことが言えるでしょう。

A2 教師には３つのスタンスが必要

　私は、教師としての資質を持つためには、もっとも大事なのは土台となる「スタンス」であると考えています。このスタンスは、仕事へ向かう姿勢や態度を意味します。

　では「スタンス」とは何でしょうか？　上記した「素直さ」があります。次に、自分に任されたことはきちんと責任をもって成し遂げていく「責任感」。そして、さらに良いものを求めていく「向上心」。

　この３つがスタンスになると考えています。

　このスタンスの上に、その人がもつ「性格」（キャラクター）がのるのです。

　そして、教育技術がのつかる。ここを勘違いしないことです。最後の教育技術だけをどんなに積み重ねても、所詮限界があることを心していてほしいと思います。

教師としての資質

手立て・技術など
性格・キャラクター
スタンス（仕事への姿勢・態度） 素直・責任感・向上心

> **Point**　まず、人の話を聞けるようになること

Q5 実践書を多く読んでもなかなか実を結びません。どこに原因があるのでしょうか？

A 知識太りにならないようにしよう

　研究会にさかんに参加する人がいます。勉強熱心な人。私も、そういう講座を持っているのでありがたいことです。
　ただ、注意しなければいけないのは「知識太り」をしないこと。
　研究会へ出たり、本を読んだりして「知識」を積み重ねる。
　でも、なかなか「行動」へ結びつかない。
　そんな人がいます。
　もっともっと良い方法があるのではないかと研究会通いをする。しかし、なかなか「行動」へ結びつけられない。ある面、知識を蓄えていく自分に満足しているところもある。
　世の中には、優れた理論書や実践書があります。でも、その大半は実践されずに消えていく運命にあることも事実です。
　ひたすら啓発されるけれども、いざ実践となると、とたんに何もできないで終わってしまうものがいかに多いことか。
　しかし、現場教師は「行動」の人でなければ勤まりません。
　だから、単に知識を蓄えるところから脱却していく必要があります。
　そのためには、どうしたらいいか。
「行動」へ移っていく原則を知っていくことです。
「行動への4ステップ」というものがあります。

　　①意識づくり→②場づくり→③行動づくり→④変化づくり

これは子供たちを育てていくこととまったく同じことです。
　まず、①「意識づくり」をしなくてはならない。
　私たちが何かをやろうとするときには、まず「意識する」ことから始まります。
　たとえば、研究会で講師の先生に刺激されて、「よし、やってみよう」という気になる。
　本を読んで、「これはいい。すぐに実践してみよう」という気になる。
　でも、だいたいそんなにうまくいかない。うまくいかないとへこたれてしまう。いやになる。その結果、続かないでやめてしまう。
　普通はそうなるものです。しかし、へこたれることはありません。それが当たり前だから悲観することはないのです。
　大切なのは、「4ステップ」。
「やろう」と意識化したら、次に②「場づくり」が必要です。
　テニスをやろうとしたら、ラケットとテニスコートが必要になります。
　子供たちに「係活動」をやらせようとしたら、それをやる「時間」と「場所」が必要になる。そういう保障をしなくては始まりません。
　そして、できるところから少しずつ③「行動づくり」に移っていく。やってみる。できるようになるまで、やることです。
　④「変化づくり」で、少しでも「変化」が表れたら大きな成果が出るまで続ける。そこまで続ける。繰り返し、繰り返しやることです。

> **Point** 行動への4ステップで動きだそう

Q6 野中先生は教師を辞めたいと一度も思わなかったと言われていますが、何かコツがありますか？

A1 〈子供浴〉に浸る！

　私は、37年間の教師生活で一度も「教師を辞めたい」という気持ちなることはありませんでした。考えてみれば不思議なことです。「何でだろう？」とさまざまに考えてみました。
　元気がなく、落ち込むことはありましたが、教室へ行って授業をしているといつのまにか元気になっていました。子供たちから元気を吸収しているのだと何度も思ったものです。
「〈森林浴〉ではなく、〈子供浴〉だな！」
　と、そういう感じです。
　37年間の中で、帯状疱疹で１週間休んだ以外は何の大病もすることはありません。元気だったわけです。
　37年目の運動会でも、私は100ｍ走の速い子供の列（６年生）に並んで思い切り走りました（まだまだ14秒台の後半で走っていたわけです）。子供たちからは「大人げない、大人げない」と批判されましたが……（笑）。

A2 元気に過ごすコツ

　教師生活の過ごし方を振り返ってみて、「元気に過ごすコツ」をまとめてみました。

> （1）テーマをもって生活する
> （2）自分を発揮できることがある
> （3）他の人から認められる
> （4）無理をしない

　教師生活は、ただ忙しさに追いまくられてするものではありません。早く自分のテーマを見つけていくことだと思います。
　それはそんなに難しいことではありません。自分が気になることをテーマにするのです。

　・子供たちへの音読指導をどうしたらいいか
　・漢字指導の効果的な方法
　・詩の指導はどうしていくか

　これらのことについてコツコツと資料を集め、自分なりにまとめていくことが大切です。
　たった1つ、これだけでも教師生活は豊かになります。
　ただし、くれぐれも無理をしないことです。

> **Point**　**自分のテーマをもって、教師生活をおくろう**

Q7 野中先生は「人生の本質は繰り返しだ」と言って、繰り返すことの大切さを強調されていますが、どんなことを言いたいのでしょうか？

A 「朝に必ずやること10箇条」

　私の友人に俵原正仁先生がいます。
　俵原先生は、『なぜかクラスがうまくいく教師のちょっとした習慣』(学陽書房、2011年)の著者でもあります。よく読まれている本です。
　その本の中で、「プロ教師なら朝に必ずやること10箇条」というページがあります。

　私は、毎朝1日も欠かさずに、以下の10箇条をおこなっている。
「自分は、プロの教師である」という確固たる信念なくしては、到底25年間も続けることはできなかったであろう。
　ただ、以下に述べる10箇条をやり続けたことで、今の私があることは、明白なる事実である。
　若い先生方も、鋼の精神力でクリアしていただきたい。
　1．朝、自分一人で起きる。
　2．布団から出る。
　3．着替える。
　4．朝ごはんを食べる。
　5．歯磨きをする。
　6．トイレに行く。
　7．靴を履いて出かける。
　8．学校のある場所へ向かう。
　9．まちがえず、学校へ着く。

10. 確実に自分の教室に行く。

　俵原先生はふざけているわけではありません。
　あとの文章で「当たり前のことばかりですね。でも、クラスがうまくいかなくなると、この当たり前のことができなくなるんですよね」と注釈を加えています。
　私たちは、いつも「当たり前」に繰り返していることを当然のことだと思い込んでいます。しかし、何かに躓くと、その「当たり前」のことができなくなってしまうのです。
　私たち教師の仕事は、毎日毎日の「当たり前」の繰り返しになります。いやいや、人生も「繰り返し」にその本質があると、私は思っています。
　そのことを理解して、きちんと実践することでどうなるのか？
　ちょっとしたことにぶれなくなります。鬱病にもならない。「鋼の精神力」が身についていくことになります。
　「当たり前」のことを平気で繰り返していけるようになるのです。

> **Point**　「繰り返し」ていくことに平気になること

Q8 毎日学校に遅くまで残って仕事をしている先生たちがいます。熱心だという評価がある一方で、やはり問題だという先生もいます。どう考えたらいいでしょうか？

A 〈自分の時間〉を大切にしよう

　学校へ残って遅くまで仕事をする先生たちがいます。
　夜の9時、10時まで毎日のように居残っている。
　たまにはそういうこともあるでしょう。
　若い先生たちならそういうことも可能ですが、中堅になっても（家庭もあるのに）そういう生活をし続けている先生がいます。
　一部の校長には「熱心だ！」と推奨する声もあります。
　しかし、私はあまりにも生活のバランスを欠いていると思います。
　夜の食事はどうなっているのだろうか？
　家庭はどうなっているのだろうか？
　私は初任のときからこのような生活をしたことがないので、残って何をやっているのか想像することができません。
　教師の仕事は、確かにやろうとすれば果てしなく出てくるが、基本的なことはそんなに多くはないはずです。
　遅くまで残っている先生たちは、単に仕事が遅いということでしょうか。それともただぐたぐたと残っているだけなのでしょうか。
　教師は、ただ教師の仕事をしていればいいということではありません。もちろん、仕事ですから中心の課題になることは仕方がないことです。
　しかし、家庭に帰れば＜夫婦＞としての生活もあり、子供ができれば＜親＞としての生活もある。どんなに仕事人としてすぐれていても、家庭が壊れていけば自分の人生を全うすることはできません。

大切なことは、〈自分の時間〉を持つことです。
　私は、若い頃からこの時間を持つために仕事を早く終えるようにがんばったのです。
　できるだけ早く帰って、自宅で自分1人になる時間を持ちたいと願ってやってきました。もちろん、夫婦で話し合う時間も、子供と過ごす時間も大切ですが、自分1人で過ごす時間を取りたいものだと考えてきました。
　また、地域社会とのつきあいも出てくるでしょう。その時間も必要になります。
　それぞれの時間が＜串団子＞みたいにバランス良く配置されていなければいけません。仕事だけが異常に大きく膨らまないようにすることが大切なのではないでしょうか。

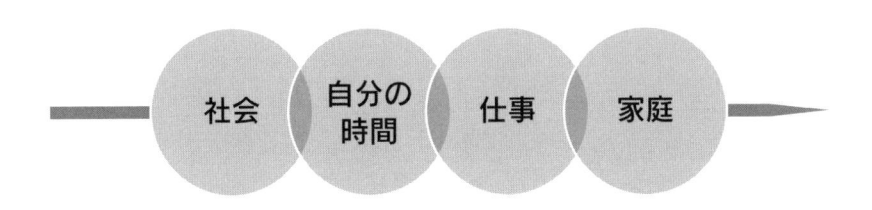

社会　自分の時間　仕事　家庭

Point　バランス良く生活するように心がけよう

Q9 野中先生は37年間担任として過ごされたわけですが、現場で教師として過ごしていく場合に一番心がけておられたことはどんなことだったでしょうか？

A 現場を生きていく作法

　読者である先生方はご承知の通り、教師生活は分刻みの生活です。
　小学校の教師は６時間の授業をこなし、その間に子供たちとのやりとりをする。さまざまなもめごとにも介入し、問題解決に当たる。給食は５分間で食べる。早く食べて給食指導をする。
　ほとんどの教師がこうして日常をおくっているはずです。
　私が現場教師として心がけていたのは、次のような動きです。

```
1  よく見る
2  それが何かと考える
3  打つ手を処方する
4  行動する
```

　これは「現場を生きていく」作法です。
　しかも、この４つは瞬時に考え、動くものですから、よく失敗もしました。
　現場で子供相手に格闘することで、成功ばかりするはずがありません。何か行動しなければいけない、ということだけが現場なのです。「理論を実践に」などというきれいごとがありますが、そんなことなど考えておられない。とにかく、その時に精一杯の対応をする以外にないのです。
　それが私にとって「現場を生きる」ということでした。

この4つに含めないことが1つあります。
　それは「迷う」ということ。
　迷うのは時間の無駄だと思っていました。
「何が良い方法がないのか考えているのです。どうしようかと迷っています」
という先生がいましたが、結局何の手も打てずに問題をこじらせていたことも事実です。
　もちろん、ときには手を出さずにじっと見守るという手立てもあります。それも手立ての1つ。
　しかし「行動する」ことが、現場教師であると私は考えます。
　失敗を恐れないことです。
　現場教師に失敗はつきもの。
「ごめん、ごめん、間違いました。これから気をつけます」と礼を尽くしてあやまればいいのです。
　間違いを恐れないことです。

> **Point** 現場教師は、「行動」することである

おわりに

　8年ぐらい前のことであろうか。
　知り合いの先生が学級崩壊の憂き目にあった。ベテランで力量のある先生だった。前任の学校では教務主任。転任して5年生担任を受け持ち、その事態は起きた。荒れた学校で、立て直そうと躍起になったところでやんちゃたちから反発を受けての崩壊であった。
　その事態がきっかけで、その先生は教師を辞めていく。
　その頃私は、『困難な現場を生き抜く教師の仕事術』（学事出版、2004年）を出版していた。
　その先生から言われた。
　「野中先生が本に書かれている道筋の通りに私のクラスは崩壊してしまいました。でも、その崩壊を回復していくということが書かれていないので、ぜひともこれから回復の手立てを書いてください」
　その先生との約束はずっと私に残り続けた。
　多くの実践書には、学級をうまく活性化させていったり、子供たちを元気にしていったりすることが書かれている。
　しかし、すでに荒れてしまっているクラス、崩壊しているクラスを回復していく手立てについてはほとんど書かれていない。それは大きな課題であった。

　今、現場は学級崩壊の事態も進行しているが、それよりも何よりも「学級崩壊予備軍」ともいえるクラスが数多く生まれている。中堅、ベテランの先生たちのクラス。学級崩壊にまでいかないが、クラスがうまく回らなくなっている。
　その先生たちは今まではうまく学級経営をしてきた先生たちなのだ。「今まではうまくいっていたのに、どうしてだろう？　うまく回らなくなってしまった！」と呟いている。

これからこのような先生たちが増えていく。
　事態はこのように進行していく。
　この事態を回復していく手立てをこの本で提起している。
　ぜひともがんばってほしいとエールを送りたい。

　37年間の教師生活の中で、最も忙しい時期があった。
　40代の後半の頃、学校では教務主任。高学年の担任。しかも、初任者指導の担当。
　その頃、趣味でフルマラソンを走っていて、土日は60キロを走り込むような練習をしていた。
　また女房の仕事の関係で、夕食づくりは私の担当。具材を買い物して帰るために5時30分頃には学校をあとにしなくてはならなかった。
　どうしても仕事を早く済ませていく仕事術を身につけなくては毎日を過ごしていくことはできなかった。
　「困ったな！」「時間がかかるな！」と思うことは「うまく工夫できないものか？」と考え続けたものである。
　その頃に身につけた仕事術をこの本ではさまざまなところで生かしている。
　ピンチはいつもチャンスをもたらしてくれる。

　この本の第4章「クラス回復術　その4　『授業』のスタイルを変える！」は「味噌汁・ご飯」授業・学級づくり研究会の研究成果をまとめている。研究会の先生方に感謝したい。
　今回の編集も、企画段階でずいぶん後藤優幸さんにお世話になった。ありがとうございます。

　　　　　　　　　　　　　　　　　　　　　　　　　野中　信行

●著者紹介

野中 信行（のなか のぶゆき）

　1947年佐賀県生まれ。1971年佐賀大学教育学部卒業。横浜市で、教師生活37年間をおくる。2008年定年退職。その後、横浜市の初任者指導教諭として初任者の指導にあたる。現在も、全国各地で教師向けの講座やセミナーを行っている。

　ブログ　http://nonobu.way-nifty.com/blog/

著書

『野中信行のブログ教師塾─「現場」を生き抜くということ─』（学事出版）
『新卒教師時代を生き抜く心得術60─やんちゃを味方にする日々の戦略』（明治図書）
『新卒教師時代を生き抜く学級づくり3原則』
　（明治図書）
『野中信行が答える若手教師のよくある悩み24』
　（黎明書房）
『学級経営力を高める3・7・30の法則』（学事出版）
『困難な現場を生き抜く教師の仕事術』（学事出版）

共著

『明日の教室2』（ぎょうせい）
『必ずクラスがまとまる教師の成功術！』（学陽書房）
など多数。

また、「明日の教室DVDシリーズ」として、
「学級経営に関する縦糸・横糸論」
「『味噌汁・ご飯』授業の提案」
「1学期のまとめと立て直し」（以上、カヤ企画）

必ずクラスを立て直す
教師の回復術！

2012年 8 月17日　初版発行
2012年12月19日　 2 刷発行

著　者	野中信行（のなかのぶゆき）
発行者	佐久間重嘉
発行所	学陽書房
	〒102-0072　東京都千代田区飯田橋1-9-3
営業部	TEL 03-3261-1111　FAX 03-5211-3300
編集部	TEL 03-3261-1112
	振　替　00170-4-84240

カバーデザイン／佐藤 博　イラスト／岩田 雅美
DTP制作／岸 博久（メルシング）
印刷／加藤文明社　製本／東京美術紙工

© N. Nonaka 2012, Printed in Japan
ISBN978-4-313-65231-6　C0037
乱丁・落丁本は、送料小社負担にてお取り替え致します。

大好評！

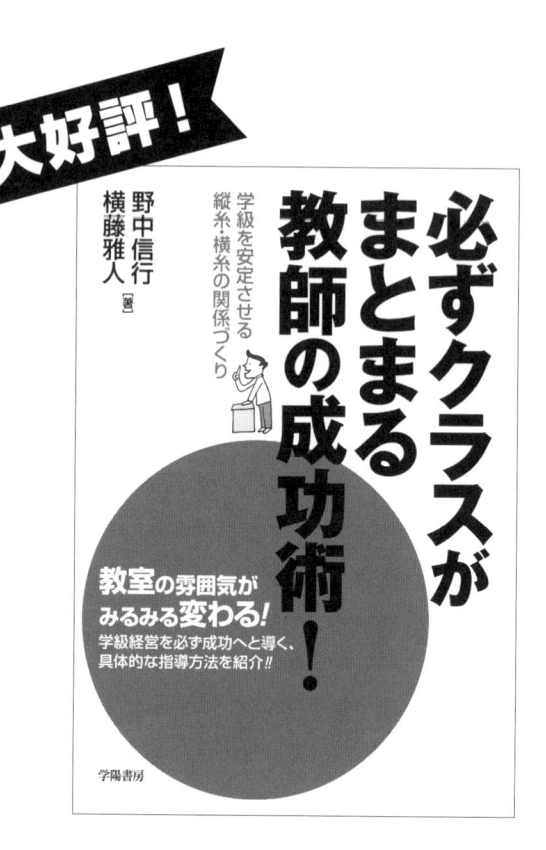

必ずクラスがまとまる　教師の成功術！

野中信行・横藤雅人［著］
A5判 並製　128頁　定価＝本体1700円＋税

内容紹介

　難しい学級経営を必ず成功させるための新たな教育モデルとして「織物モデル」を提唱！　その「織物モデル」とは、クラスを「織物」になぞらえ、縦糸（教師と子供との上下関係）と横糸（教師と子供とのフラットな心の通い合い）をクラスにしっかりと張っていく、という実践方法。
　縦糸・横糸の関係づくりが、クラスの雰囲気をみるみる変えていく！
☆学級の状態を診断する「チェックリスト」付き